UN

JOURNALISTE IMPROVISÉ

Limoges, imprimerie de Mme veuve H. DUCOURTIEUX,

5, RUE DES ARÈNES, 5

UN

JOURNALISTE

IMPROVISÉ

RECUEIL

DES ARTICLES POLITIQUES PUBLIÉS DANS

LA DÉFENSE NATIONALE ET **LA DÉFENSE RÉPUBLICAINE**

JOURNAUX DÉMOCRATIQUES DE LIMOGES.

PENDANT L'INVASION PRUSSIENNE

(OCTOBRE 1870 — JANVIER 1871)

PAR

PIERRE LEYSSENNE

Professeur à Paris.

PARIS

A. LE CHEVALIER, ÉDITEUR

61, RUE RICHELIEU, 61

M DCCC LXXII

PRÉFACE

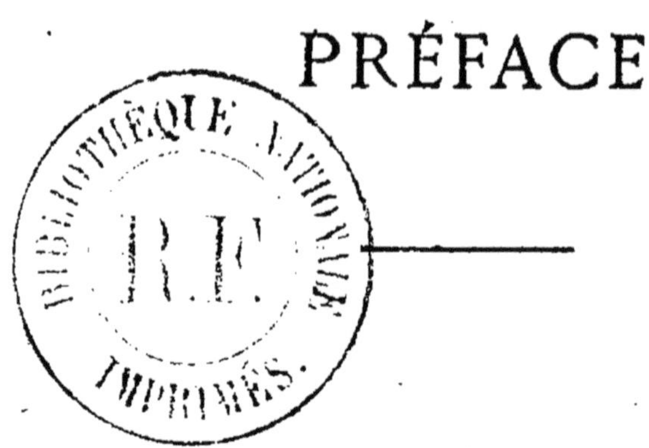

A MES AMIS POLITIQUES DU LIMOUSIN

C'est à vous, mes amis, que je dédie ce livre, à vous qui l'avez fait naître, en m'appelant à donner une forme à vos pensées, en me permettant de joindre ma voix à la vôtre pour intéresser tous nos concitoyens à la défense du sol national et à l'affermissement de la République.

J'ai relu après un an, c'est-à-dire après un siècle, ces pages sorties ardentes chaque jour d'une improvisation précipitée, au milieu d'une des plus grandes crises de notre histoire; et, après la honte de nos capitulations, après l'humiliation de nos défaites, après l'affreux déchirement de nos discordes civiles, après l'évanouissement presque complet de nos espérances, je n'ai trouvé ni un mot à retrancher, ni un mot à regretter.

Je me suis trompé, il est vrai, sur le compte de quelques hommes que je croyais capables de comprendre l'incomparable grandeur de leur rôle, et l'éclatante auréole de gloire dont ils pouvaient entourer leurs noms. Je me suis trompé, j'en conviens; mais je ne me sens nullement humilié de cette erreur : il n'y a aucune honte à croire à la vertu des hommes avant leur chûte et à relever la dignité humaine qui s'abaisse.

Je me suis trompé aussi sur le dénouement de notre grande lutte contre l'invasion étrangère. J'ai toujours cru que nous devions vaincre, et que nous pouvions vaincre ; je l'ai cru avec toute l'énergie d'une conviction profonde ; mais loin de m'en défendre, je dois avouer, en toute sincérité, que je le crois encore, que je le crois plus que jamais.

Ce n'est pas que je n'aie vu avec toute la France les causes de notre faiblesse et de nos désastres ; je les ai, au contraire, constamment signalées dès l'origine, et avec beaucoup d'amertume, pour qu'on y portât énergiquement remède ; mais je pensais que dans notre France, sur cette terre privilégiée entre toutes, dont les ressources merveilleuses sont vraiment inépuisables, sur ce sol qui produit si naturellement depuis des siècles les grands cœurs et les grandes intelligences, le cri honteux de la paix à tout prix n'éveillerait jamais aucun écho, et que ce grand peuple, armé tout entier, ne consentirait pas à se rendre à merci, tant qu'il aurait le Plateau central et les Cévennes pour le protéger, l'Aquitaine pour le nourrir, et Marseille et Bordeaux pour l'approvisionner.

Et de fait les tristes défaillances d'un patriotisme énervé n'eussent jamais attristé nos regards et étonné le monde, si un souffle funeste parti des hautes régions gouvernementales n'eût constamment desséché tous les germes de vie, de force, de santé morale prêts à éclore de toutes parts, et n'eût paralysé l'activité prodigieuse du seul de nos gouvernants qui ait eu, dans cette crise redoutable, la pleine conscience de sa mission, avec la volonté de l'accomplir.

Mais si je me suis trompé dans mes jugements sur les hommes du 4 septembre, et dans mes prévisions sur l'issue de la guerre étrangère, j'ai été malheureusement un trop bon prophète à l'endroit de la guerre civile. Bien longtemps avant le 18 mars, longtemps avant la capitulation de Paris, j'ai vu en province l'opinion publique irritée d'abord contre l'Empire, hostile aux partis monarchiques et prête à céder aux entraînements démocratiques, devenir timide et hésitante devant les compromis d'un pouvoir aveugle jusqu'à la faiblesse et conciliant jusqu'à la témérité; j'ai vu cette opinion publique passer peu à peu au découragement et prendre ses précautions contre une réaction probable et prochaine; j'ai vu les partis monarchiques déjà résignés au sacrifice de leurs espérances, assez disposés même à se rallier à une République devenue nécessaire, reprendre insensiblement courage et confiance, s'insinuer dans toutes les administrations, enlacer de leurs mille intrigues les pouvoirs publics, puis enfin relever la tête fièrement, déclarer que la maison était à eux, et qu'ils sauraient bien le faire voir.

D'un autre côté, tous les hommes qui n'avaient pas attendu la chûte de l'empire pour flétrir cet indigne régime, tous ceux qui placent la souveraineté nationale audessus et en dehors des compétitions des partis, tous les républicains enfin, sérieusement inquiets de la marche des événements et surtout de la direction des esprits, faisaient entendre de toutes parts le cri d'alarme, et réclamaient l'application énergique de la vraie politique nationale, personnifiée dans M. Gambetta.

Mais il était déjà trop tard. La lutte était engagée entre la Paix et la Guerre, entre la Monarchie et la République, et la capitulation de Paris tombant comme un coup de foudre sur la province stupéfaite, surexcita les espérances des monarchistes et souleva toutes les colères des républicains.

On était loin cependant de soupçonner alors l'incroyable incapacité politique et militaire qui avait présidé à la défense de Paris, mais pour tout homme qui connaissait l'esprit de la population parisienne, et le tempérament du caractère français, il était évident que la révolte était déjà dans les esprits, et qu'à la moindre tentative de restauration monarchique, elle se traduirait dans les faits, et avec la dernière violence.

Il est difficile de nier maintenant que l'Assemblée de Bordeaux n'ait songé, dès les premiers jours, à détruire la forme républicaine du gouvernement, puisqu'aujourd'hui la majorité conspire d'une manière ostensible et permanente, et que ses orateurs les plus autorisés s'en font gloire ouvertement; mais alors on le contestait, et les trop légitimes soupçons des républicains étaient traités de calomnies. Quoi qu'il en fût d'ailleurs, l'opinion publique croyait à une prochaine tentative contre la République, et les protestations les plus catégoriques du gouvernement ne parvenaient point à dissiper des préventions qu'entretenaient au contraire des mesures extrêmement impolitiques.

Si on songe alors à toutes les souffrances inutilement subies pendant de longs mois par cette population ardente et impressionable de Paris, et à l'immense déception qu'elle dût éprouver en se voyant vaincue sans avoir combattu, il paraîtra bien inutile et peut-être puéril d'aller chercher dans l'organisation d'une société occulte quelconque, ou dans un développement subit, aussi monstrueux qu'impossible, de toutes les perversités humaines, la cause d'une insurrection aussi générale que celle qui entraîna les masses parisiennes.

Sans chercher à atténuer la responsabilité des auteurs de cette terrible révolte, il est permis de dire qu'ils furent entraînés par une de ces forces irrésistibles que les anciens attribuaient à la fatalité, à leur *fatum ;* il doit même être permis de penser qu'un gouvernement plus habile et plus sage eût pu conjurer ce péril ou en restreindre les épouvantables conséquences.

Quoi qu'il en soit, les présages lointains n'avaient pas fait défaut, et ceux-là seuls peuvent dire avoir été surpris, qui n'ont point l'habitude de réfléchir sur les causes et les effets des choses humaines. Vous pouvez vous rappeler, mes amis, et ces pages serviront à réveiller vos souvenirs, avec quelle persistance j'exprimais mes appréhensions au sujet de quelque grande commotion intérieure. Cette préoccupation était une de celles qui absorbaient le plus mon esprit, et le mot de guerre civile revient presque à chaque page sous ma plume, et toujours associé à l'idée de la défaite de la France. L'histoire dira un jour si les causes que j'assignais d'avance à cette affreuse lutte qui a couvert Paris de sang et de ruines étaient bien les véritables.

Maintenant, que nous réserve l'avenir? Cette épreuve est-elle la dernière? ou la France est-elle destinée à être longtemps encore la proie des factions et le théâtre de crises sanglantes? Les partis monarchiques tenteront-ils de rétablir pour la dixième fois un trône qui s'écroule toujours? ou la République enfin consentie parviendra-t-elle à s'asseoir sur des bases solides et durables?

Tel est le grand problème du moment, qui préoccupe tous les esprits, qui éveille toutes les ambitions, qui excite toutes les convoitises, mais qui enflamme aussi toutes les nobles et généreuses passions.

Laissons se débattre, mes amis, dans des intrigues impuissantes, tous ces restaurateurs de dynasties usées, vieillies, tour à tour condamnées par la France, et gardons tout entière notre foi dans l'avénement inévitable et prochain de la démocratie.

Sans doute il serait cruel qu'un fantôme de roi vînt ajourner encore pour quelques années la réalisation de nos espérances ; assurément il serait triste de voir longtemps encore *une République sans républicains* confiée à la garde de ses ennemis acharnés, épiant l'occasion favorable pour l'étouffer ; mais ni l'un ni l'autre de ces deux dangers n'est à craindre. Il est une chose plus forte que la volonté d'une majorité de hasard, définissant elle-même et étendant capricieusement son mandat ; c'est la volonté nationale, c'est la puissance des idées, c'est la force des choses.

Que les républicains se tiennent donc prêts à recueillir une succession qui ne peut tarder à s'ouvrir ; qu'ils travaillent, qu'ils s'instruisent, sans trêve ni relâche, qu'ils étudient les questions politiques et sociales, la philosophie, l'histoire, afin d'apprendre, en voyant comment les hommes ont été gouvernés jusqu'à ce jour, comment il faut les gouverner dans l'avenir, sous le règne de la liberté, de la justice et de la fraternité.

Paris, mars 1872.

UN

JOURNALISTE IMPROVISÉ

DÉFENSE NATIONALE

LETTRES D'UN LIMOUSIN

I

Limoges, 6 *octobre* 1870.

Monsieur le Rédacteur,

Puisque vous voulez bien me permettre d'utiliser, au profit de la cause démocratique que défend votre journal, les loisirs que me fait mon éloignement forcé de Paris, je me propose de vous envoyer, dans une série d'articles, les réflexions que me suggéreront les événements du jour, la situation générale de la France, et en particulier celle de notre contrée.

Enfant du Limousin, j'ai conservé pour ce pays, à travers les vicissitudes et les épreuves de la vie, une affection singulière et indéfinissable. J'aime ses collines, ses gorges, ses cours d'eau, ses haies, ses prairies, et j'ai toujours pensé que cette âpre et rude nature devait produire des populations fortement trempées, saines de corps et d'esprit, capables des mâles courages et également aptes aux productions de l'intelligence.

Les voyageurs et les touristes ont beaucoup décrié notre pays. Ne s'attachant qu'à la surface des choses, ils n'ont voulu lui pardonner ni ses landes, ni ses bruyères, ni ses bois interminables de châtaigniers, ni ses sarrasins, ni ses toits de chaume, ni le costume de nos paysans, ni leurs allures lentes, ni le négligé de leurs habitations et de leurs *charrières*, ni surtout leur patois, inintelligible pour les gens du nord, et l'accent prononcé qu'il donne aux personnes qui parlent le français le plus correct.

Mais on n'a pas assez pris garde que ce sont là des défauts d'un ordre secondaire, qui n'excluent ni les qualités de l'âme, ni celles de l'esprit ; que ce manque de culture et ces habitudes de négligence sont dus au long oubli dans lequel ont été laissées par tous les gouvernements monarchiques ces intéressantes contrées.

Placées sur le plateau central de la France, loin des grands courants de la civilisation, qui se portent toujours le long des fleuves et vers la mer, elles auraient dû, plus que d'autres contrées privilégiées, recevoir des institutions propres à leur faire soutenir une lutte inégale. Mais quel souci pouvaient avoir les rois et les empereurs de ces populations déshéritées, incapables de leur nuire, et si faciles à pousser aux urnes électorales, dont elles ne comprenaient ni l'usage ni le mérite ?

Aussi, grâce aux encouragements donnés à l'instruction publique par la Restauration, le gouvernement de Juillet et l'Empire, grâce aux nobles efforts des préfets, des recteurs, des inspecteurs et des maires, la Haute-Vienne et la Corrèze ont l'honneur de figurer au *dernier* rang des départements classés d'après leur degré d'instruction. La Corrèze, est le 88e, et la Haute-Vienne le 89e. Dans la Corrèze, sur 100 habitants, 62 à 63 ne savent ni lire ni écrire, et dans la Haute-Vienne on en compte 69 à 70. Ajoutez au moins 10 individus sur 100 qui, sachant mal lire ou ne le voulant pas, n'ouvrent jamais un livre ou un journal, et vous arriverez à ce résultat désolant et honteux : que plus des quatre cinquièmes de la population ignorent, non-seulement ce qu'a été la France autrefois, mais encore ce qu'elle est aujourd'hui, ce que leur ont coûté les monarchies déchues et ce qu'elles ont à attendre de la République.

Ce mal si profond est-il sans remède ? Non, certes, et pour peu que le département de l'instruction publique ait à sa tête des Jules Simon (1), on verra bientôt surgir de nombreuses écoles jusque dans les villages les plus reculés ; l'instruction sera gratuite et obligatoire ; affranchie des influences cléricales, elle sera plus sérieuse et plus nationale ; les instituteurs plus instruits, plus rétribués, plus honorés, plus indépendants, marcheront de pair avec les citoyens les plus recommandables, avec les fonctionnaires de tous les ordres.

Il n'est pas douteux qu'une telle réforme ne replace en quelques années notre Limousin au rang des autres provinces, et la France entière au niveau des autres nations, et bientôt nous n'aurons plus à rougir quand on viendra nous dire qu'en Danemark, en Suède et

(1) L'auteur croyait alors à Jules Simon.

en Norvége il serait difficile de trouver un homme ou une femme ne sachant ni lire ni écrire.

Mais avec quelque rapidité que procède la République, elle ne saurait transformer l'état de l'instruction publique du soir au lendemain. Dans quinze jours, par exemple, elle n'aura pu mettre les citoyens à même de connaître leurs droits et leurs devoirs, et de faire un choix intelligent et réfléchi entre les nombreux candidats qui vont se presser au-devant de leurs suffrages.

Faudra-t-il encore que nos habitants des campagnes s'en rapportent aux funestes conseillers qui leur ont fait sanctionner par trois fois le pire de tous les despotismes, le despotisme du mensonge et de l'hypocrisie ? A Dieu ne plaise qu'un tel malheur se renouvelle ! Mais il n'est pas à craindre. L'éclatante lumière partie de Sedan a éclairé les plus aveugles, et nul n'aurait le triste courage de faire seulement des vœux pour le retour du régime et des hommes qui nous ont conduits aux abîmes.

A des temps et à des principes nouveaux, il faut des hommes nouveaux. Comment les choisir en quelques jours ? C'est ce que je tenterai de montrer dans un prochain article. En attendant, que notre confiance soit entière et absolue. En ce qui regarde notre Limousin, quelque regrettables qu'aient été ses erreurs, quelques profondes racines qu'y ait poussé l'ignorance, entretenue volontairement, sciemment, criminellement par les gouvernements tombés, il est un germe qui n'a reçu aucune atteinte, une faculté qui est restée entière et puissante : je veux parler du *bon sens* de nos concitoyens. Il est proverbial et il les sauvera de tous les piéges.

J'ai connu un riche industriel qui avait gagné sa

fortune un peu trop vite en exploitant plusieurs provinces de la France :

— N'avez-vous jamais tenté aucune de vos spéculations en Limousin, lui dis-je ?

— Si, mais je n'y ai rien fait ; vos compatriotes sont trop fins et trop rusés.

O mes compatriotes, ne démentez pas votre réputation. Soyez fins et rusés, car jamais vous n'avez eu à remplir une tâche plus belle, plus noble et plus difficile.

II

Limoges, 13 *octobre*.

UN PROGRAMME POLITIQUE

Monsieur le rédacteur,

Deux grandes questions dominent aujourd'hui la situation : la défense nationale et les élections à la Constituante.

Grâce à l'énergie du Gouvernement provisoire, à son intelligente activité et au patriotisme enfin éveillé de la nation, le jour n'est pas loin où nous verrons nos ennemis forcés d'évacuer notre territoire, à moins qu'ils ne préfèrent y être ensevelis. Paris tiendra bon, et la France fera le reste. Ayons donc confiance.

Mais nous avons à remporter une autre victoire

aussi difficile et aussi glorieuse : assurer le salut de la République par le choix de nos représentants. Que tous nos efforts se portent aujourd'hui vers ce but; demain la bataille sera engagée, et du succès ou de la défaite dépend réellement l'avenir de la France.

En ce qui regarde le Limousin, nous devons tout espérer de cet admirable *bon sens* des populations, que je constatais dans mon premier article, et qui leur fera distinguer leurs amis sincères de leurs ennemis déguisés. Mais que chacun soit à l'œuvre et apporte son conseil.

Je ne me pose pas comme candidat. D'ailleurs, j'estime que ce sont les électeurs qui doivent aller trouver les candidats, et non les candidats les électeurs. Je me permets, toutefois, de présenter à mes concitoyens les principes qui me paraissent être ceux de la vraie démocratie, et qui, à mon sens, devraient être le programme obligé de nos futurs représentants.

L'Association départementale de *la Défense républicaine* a publié un programme excellent, auquel je me rallie de tout cœur et que j'adopterais entièrement, en faisant cette seule réserve : que je ne saurais regarder comme un ennemi politique l'homme qui accepterait un président de la République, à l'exemple des États-Unis. Mais ce programme me paraît bien incomplet. En voici un autre que je propose aux méditations des électeurs et des comités :

1° Exclusion absolue de tout candidat qui aurait adhéré au gouvernement impérial, et qui aurait accepté de lui une charge ou une fonction quelconque ;

2° Exclusion absolue de tout candidat ayant des sympathies avouées, ou même secrètes, mais notoires, pour l'une des dynasties déchues.

Après cette double élimination, tout candidat devrait

déclarer vouloir les libertés, les garanties et les réformes suivantes :

1° La liberté individuelle, ou liberté des personnes. Plus de violation de domicile, plus de détention préventive, plus d'arrestations arbitraires de la part du pouvoir ; mais aussi, respect aux personnes de la part des citoyens isolés ou en masse ; manifestations toujours pacifiques ;

2° La liberté de la propriété, ou la faculté pour chacun d'user et d'abuser de son bien. Ni vol, ni pillage, ni maraudage, autorisés ou tolérés, dans aucun cas et sous aucun prétexte ; répression énergique de tout désordre par les citoyens eux-mêmes, c'est-à-dire par la garde nationale ;

3° La liberté de la presse : ni censure, ni autorisation préalable, ni timbre, ni cautionnement ; les délits de presse rentrant dans le droit commun ;

4° La liberté de l'imprimerie et de la librairie : plus de brevets, plus de priviléges ;

5° La liberté du colportage des livres et des journaux : plus d'estampille administrative ;

6° La liberté de réunion : plus d'autorisation préfectorale, plus de présence légale du commissaire de police ;

7° La liberté d'association, principe et source de toutes les *réformes sociales*, si légitimement réclamée et si impatiemment attendue par les classes ouvrières ;

8° La liberté de conscience : séparation absolue des Églises et de l'État ; suppression du budget des cultes ;

9° La liberté de l'enseignement à tous les degrés : instruction primaire gratuite pour les indigents, obligatoire pour tous et pour les deux sexes ; instruction secondaire gratuite pour les meilleurs élèves des écoles primaires ; instruction supérieure gratuite pour les meilleurs élèves des collèges, — plus de bourses accordées à la faveur, — plus de subventions aux congrégations religieuses.

En résumé, la liberté entière, absolue, totale, illimitée ; chacun ayant le droit de faire et n'ayant que le droit de faire ce qui ne nuit pas à la liberté d'autrui.

De ces principes de liberté découlent encore quelques conséquences qui font partie de notre programme :

10° Répartition plus équitable de l'impôt, — impôt sur le revenu, — suppression des octrois et des droits réunis ;

11° Décentralisation administrative, — liberté d'action des communes, — suppression des sous-préfectures, rouage dispendieux et inutile, — simplification de la bureaucratie, — diminution notable du nombre des fonctionnaires publics, — responsabilité de ces fonctionnaires ;

12° Réorganisation de la magistrature, de manière que les juges ne puissent plus acheter leur avancement par leurs complaisances envers le pouvoir, — nomination des juges de paix au suffrage universel ;

13° Réorganisation de la force publique, — peu ou point d'armée permanente, — organisation sérieuse et régulière, dans toutes les communes, d'une garde nationale en partie mobilisable, et composée de tous les citoyens, sans exception, sauf les limites d'âge et les exemptions légales, — suppression absolue du remplacement.

Tel est ce programme dont l'application me semblerait devoir transformer sans secousses la société, et lui donner des bases contre lesquelles ne sauraient plus prévaloir toutes les tentatives réactionnaires et monarchiques. Bien qu'il puisse paraître assez radical et assez complet, je suis encore bien loin de croire que tout républicain, prêt à le signer, soit apte, par cela seul, à remplir la noble mission de représentant du peuple. J'exigerais encore de lui les qualités suivantes :

1° Une honorabilité incontestée, une vie privée irréprochable. Tout homme dont les mœurs donnent prise à la censure de l'opinion publique, ne peut que jeter du discrédit sur la cause qu'il défend, eût-il le talent oratoire de Mirabeau. Il est d'ailleurs toujours plus accessible aux séductions du pouvoir, et son indépendance est facilement suspectée ;

2° Un amour vrai et ancien pour les classes populaires. Au jour des élections, tous les candidats sont pris d'une vive tendresse pour le peuple ; mais que le peuple y regarde de près. Qu'il consulte l'opinion publique de la commune et du canton habités par chaque candidat ; il saura bientôt si cette affection est réelle, si elle est de bon aloi et de vieille date, si elle est traditionnelle, par exemple, dans la famille, si on dit de lui et des siens : Ceux-là ont toujours aimé le *petit-monde.*

Dans ce cas, les électeurs ont affaire à l'un de leurs amis ;

3° Une instruction solide et variée. La grande facilité de parole est un don très secondaire, aussi souvent nuisible qu'utile. Cependant, il est bon qu'un député sache au besoin parler en public ; mais il est mieux qu'il sache penser, qu'il sache écrire, qu'il soit laborieux, actif, exact, consciencieux ;

4° Une connaissance exacte des besoins et des intérêts de la contrée qu'il représente. Il faut donc, autant que possible, que le candidat appartienne au pays qui le nomme, au département même ; qu'il y ait résidé ou séjourné assez longtemps pour le bien connaître. A ce sujet, il serait même désirable que chaque arrondissement fût représenté par un député. Dans la Haute-Vienne, il en resterait encore quatre pour Limoges;

5° Une fermeté, un courage, une résolution à toute épreuve. Dans les circonstances que traverse la France, il ne nous faut que des hommes qui comprennent la grandeur et les dangers de leur mission, des hommes prêts à tout dévouement et à tout sacrifice, et capables, le cas échéant, de savoir imiter Dussoubs-Gaston et Baudin.

Électeurs! le sort de la République, le sort de la France est entre vos mains.

III

Limoges, 20 octobre.

Monsieur le rédacteur,

Dans ma dernière lettre, je vous ai présenté un plan de réformes politiques et sociales en vue des élections générales. Ces élections étant ajournées, il devient inopportun de développer ce programme; d'ailleurs, toute considération doit céder devant la nécessité urgente d'organiser la défense et l'évacuation de notre territoire; et, sur ce nouveau terrain encore, tous les bons citoyens doivent apporter leurs vues et leurs conseils.

Il ne faut pas nous le dissimuler : quand on habite le fond de nos campagnes, on est tenté de se demander si réellement nous sommes en République, si la France est envahie et si Paris est assiégé.

On voit bien çà et là des pères soucieux, des mères et des femmes désolées, des gens de toute condition se plaignant du malheur des temps ; on voit bien des maires destitués, des commissions municipales nommées, des proclamations affichées aux portes des mairies ; mais au fond, rien n'est changé dans les habitudes des populations, et les gardes nationales mêmes s'organisent mal et très lentement. On ne voit guère nulle part ni zèle, ni entrain, ni enthousiasme.

Quelles sont les causes de cette apathie et de cette torpeur, et quels remèdes pourrait-on y apporter ? Voilà quelle préoccupation doit animer aujourd'hui tous ceux qui sont chargés, à un degré quelconque, de contribuer au salut de la patrie.

En ce qui concerne particulièrement le Limousin, on pourrait expliquer en partie cet engourdissement par le tempérament de ses habitants. Il n'est que trop vrai qu'on ne doit guère attendre d'eux ni initiative ni spontanéité. D'eux-mêmes ils ne voleront pas au secours de Paris, ni d'Orléans. L'ennemi est encore bien loin ; leurs récoltes, leurs bestiaux, leurs femmes et leurs enfants ne sont pas encore menacés. Ils aviseront plus tard ; ils ne sont jamais pressés.

Mais, il serait injuste de n'attribuer cette inaction qu'à leur indolence naturelle ; elle tient aussi à des causes plus générales, plus récentes, qui ont agi presque au même degré sur toutes les populations des campagnes dans toute l'étendue de la France : je veux parler de l'anéantissement systématique, par ce pouvoir déchu, de tout esprit politique.

La France, presque tout entière, dormait depuis dix-huit ans d'un profond sommeil. Est-il étonnant que le narcotique puissant, versé dans ses veines à si fortes doses par le régime impérial, produise encore ses effets? La catastrophe de Sedan et la proclamation de la République l'ont réveillée en sursaut; mais, comme au sortir d'un long rêve, elle ne peut reprendre ses sens, et elle doute de la réalité qui l'oppresse.

Quoi! un empereur si puissant, si glorieux, si aimé de son peuple qui venait de le sacrer une troisième fois par 7 millions de suffrages, a pu disparaître de la scène du monde en quelques semaines! Quoi! tant de sénateurs, de députés, de fonctionnaires si dévoués n'ont pu le sauver! Quoi! tant de généraux, de maréchaux, d'officiers et de soldats n'ont pu arrêter l'ennemi! Quoi! tant d'argent donné chaque année, sous forme d'impôts ou d'emprunts, n'a pu servir à acheter assez de canons et assez de fusils! Et cet homme a provoqué une guerre formidable sans être prêt! Et il s'est rendu avec 80,000 hommes sans essayer de se faire tuer! Que nous disaient donc nos préfets, nos sous-préfets, nos maires, nos curés, nos gardes-champêtres? Nous trompaient-ils, ou se trompaient-ils eux-mêmes?

Eh oui, braves gens, ils se trompaient, ou ils vous trompaient. C'est bien cela. Et voilà pourquoi on vous engage à n'avoir plus confiance en eux; voilà pourquoi on vous invite à faire vos affaires vous-mêmes. Voilà pourquoi on a proclamé la République, qui est le gouvernement de tous par tous.

Mais, avant tout, il faut liquider le passé; il faut repousser l'ennemi que votre empereur vous a laissé sur les bras. Déjà un quart de la France est occupé par des bandes de Prussiens. Partout où ils passent ils pillent et dévastent tout. Ils mangent, ils boivent, ils nourissent leurs chevaux avec le blé, avec le vin, avec les fourrages de vos frères. Ne porterez-vous pas secours à ceux-ci ? Ne craignez-vous pas pour vous le même sort ?

Ah ! si ce langage était tenu à nos paysans chaque jour, chaque heure par tous les hommes qui comprennent le danger que court la France, nul doute que beaucoup ne sortissent de leur léthargie et ne courussent au moins avec ardeur aux exercices de la garde nationale.

Mais, hélas ! ce langage leur est très peu tenu, et d'ailleurs il serait encore insuffisant. Tous les hommes en général, mais surtout les hommes peu éclairés, ont besoin, pour agir, pour vouloir, de sentir derrière eux, ou plutôt devant eux, des guides fermes, résolus, intrépides. Un poltron bien conduit peut devenir un héros.

Que faut-il donc faire ? Il faut que toutes les gardes nationales soient inspectées par les chefs de l'administration ou par des délégués munis de pleins pouvoirs, afin de leur communiquer le feu sacré qui leur manque. Il faut que les préfets et les sous-préfets, ou leurs représentants, se montrent souvent aux populations ; qu'ils passent de fréquentes revues, qu'ils stimulent le zèle des chefs et l'ardeur des soldats, qu'ils communiquent à tous leur patriotisme. A ce prix seul, on pourra empêcher de se dissiper ou de s'affaiblir ce puissant élément de force qu'on nomme la garde nationale sédentaire.

IV

Limoges, 23 octobre.

LA PEUR DE LA RÉPUBLIQUE.

Monsieur le rédacteur,

Je vous signalais dans ma dernière lettre la torpeur des campagnes comme une des causes du malaise, du désarroi dans lequel se trouve la France et contre lequel lutte si énergiquement le gouvernement de Tours. Mais cette cause n'est pas la seule ; il en est une autre plus funeste encore et plus générale. Cette cause, c'est la *peur*, la peur qui s'est emparée de presque toutes les classes de la société.

Je ne parle pas de cette peur naturelle, assez légitime, peut-être salutaire, qu'inspire chaque progrès de l'invasion prussienne; celle-là peut se combattre. Pour la dissiper il suffit d'une victoire. Qu'Orléans soit repris, que Bazaine se débloque, que Trochu chasse l'ennemi de Versailles, et l'on se reprend à espérer, et la confiance renaît dans tous les cœurs.

Je veux parler de cette autre peur vague, sans objet, non raisonnée, qui saisit les enfants dans l'obscurité et les peuples dans les crises politiques; de cette peur de l'inconnu, la pire de toutes, et qui peut s'appeler aujourd'hui la peur de la République.

La société française est évidemment malade, et depuis trois quarts de siècle, elle ne fait que se tourner et se retourner sur son lit de douleur, se confiant tour à tour à la vieille médecine, et à tous les empiriques et charlatans modernes. Que n'a-t-elle laissé agir la nature ? Depuis longtemps elle serait sauvée.

Laisser agir la nature, c'est-à-dire, sans métaphore, se constituer rationnellement, se gouverner elle-même, proclamer toutes les libertés, sanctifier le travail, honorer le mérite, faire régner le droit et la justice ; tel est le but qu'aurait dû atteindre la société française, et qui se présente encore aujourd'hui à elle sous le nom de République.

République ! par quelle étrange fatalité ce mot qui représente le mieux toutes les nobles aspirations de l'homme et des hommes, qui signifie le triomphe du droit sur la force, le règne de la justice et de l'égalité, est-il devenu pour un grand nombre d'esprits, même judicieux et éclairés, le symbole de la violence et de l'anarchie, le signe abhorré du pillage et du meurtre ?

Quoi donc ! est-ce que les républicains des Etats-Unis d'Amérique forment une société de pillards et d'assassins ? Est-ce que les Suisses vivent en sauvages et en barbares ? Est-ce que la République d'Athènes ne fut pas le temple des beaux-arts, le sanctuaire des grands hommes et des grandes idées ? Est-ce que Rome n'était pas en république lorsqu'elle conquit le monde, moins encore par ses soldats que par ses institutions et ses lois ?

Soit, dira-t-on, chez d'autres peuples, dans d'autres temps et dans d'autres climats, la République a pu s'établir, se faire respecter, se faire honorer ; mais en France, c'est différent ; le caractère national ne se prête pas à cette forme de gouvernement, et la meilleure preuve qu'on puisse en donner se tire des deux essais malheureux faits en 1792 et en 1848.

Quelle preuve ! grand Dieu ! et comme nous étudions l'histoire !

Un peuple aura été gouverné pendant quatorze siècles par le bon plaisir de ses rois ; toutes les iniquités sociales, dont on rougirait de réclamer le retour, auront été accumulées sur ce malheureux peuple. Un jour il aura fait entendre un grand cri de détresse et de revendication de ses droits ; ses oppresseurs séculaires auront voulu défendre à outrance leurs priviléges, ils auront même attiré quatorze armées étrangères sur ses frontières et se seront mêlés à ces hordes ennemies, et vous ne voulez pas comprendre qu'un immense cri de colère et de rage se soit fait entendre, et que ce peuple en fureur ait sacrifié à son tour ses bourreaux à la nécessité et à la vengeance ?

Mais le sacrifice était accompli ; notre patrie avait été purgée de ses envahisseurs ; les grands principes d'égalité et de liberté étaient traduits en faits ; notre droit civil, administratif, politique était fondé ; quelques agitations secondaires, suites inévitables de si grandes commotions, restaient encore à la surface, lorsque, tout à coup, un général ambitieux, mentant à son origine et à ses principes, vint, au 18 brumaire, étouffer le germe à peine éclos de nos destinées futures.

Devenu colosse-géant, ce contempteur des lois divines et humaines était tombé à son tour sous le poids de ses fautes et de ses crimes.

Après deux essais infructueux de restauration monarchique, le peuple souverain songea de nouveau à ses droits et proclama, en 1848, la République, pour la seconde fois. On pouvait croire que tant d'expériences porteraient leurs fruits ; et, en effet, le premier moment de surprise passé, on vit tous les anciens partis acclamer à l'envi le nouveau gouvernement, le gouvernement qui nous divisait le moins, et qui, d'ailleurs, se présentait avec des vues honnêtes, pacifiques et conciliatrices.

Mais, ô trahison insigne! tous ces hommes qui, pour leurs professions de foi républicaines, pour leurs proclamations et leurs serments, avaient inventé des formules nouvelles d'adulation et de servilité, se coalisèrent bientôt pour vendre encore la France à l'héritier de l'homme fatal de brumaire, et se gorger pendant vingt ans des dépouilles du peuple vaincu. Comment ce crime, longtemps médité, s'accomplit par une nuit noire de décembre 1851; tout le monde le sait aujourd'hui, et ceux-là surtout l'ont su qui composaient les familles des 27,000 républicains arrêtés, emprisonnés, fusillés, internés, déportés, ruinés.

Et l'on viendra dire que la République ne peut prendre racine en France! sans doute, mais à qui la faute? Français, interrogez votre conscience.

Eh bien! la voilà encore cette République. Ferez-vous de même, insensés? Voulez-vous rouler à perpétuité le rocher de Sisyphe? Ne voyez-vous pas que les temps de la démocratie sont venus?

Ralliez-vous donc à cette jeune République, qui, héritière improvisée de la politique la plus insensée et la plus désastreuse, a pu, en quelques semaines, tirer des armées du néant, et tenir en échec la plus formidable invasion des temps anciens et modernes. Comme son aînée de 1792, elle refoulera cette invasion, écrasera ces hordes barbares et sauvera la France. Voudrez-vous ensuite remplacer la guerre étrangère par la guerre civile? C'est à vous de répondre.

V

Limoges, 25 *octobre* 1870.

LA FRANCE EST-ELLE RÉPUBLICAINE ?

Monsieur le Rédacteur,

On nous répète souvent que la France préfère la monarchie à la République ; que ses mœurs, que ses instincts sont entièrement, absolument monarchiques ; que nous ne pouvons changer la nature des choses, et que nous devons en prendre notre parti.

Si la France était républicaine, nous dit-on, comment expliquer ces retours si fréquents à la monarchie, dont nous avons le spectacle depuis la fin du dernier siècle? En supposant cet argument sérieux, nous pouvons le retourner bien victorieusement contre nos adversaires, à qui nous dirons à notre tour : Si la France était monarchique, comment expliquer ces retours si fréquents à la République ? Et nous pouvons ajouter que la royauté a toujours été restaurée en France par la force venant d'en haut, tandis que la République y a toujours été établie par la force venant d'en bas ; ce qui ne prouve guère que les masses soient antipathiques à ce dernier gouvernement.

Mais admettons que les *mœurs* de la France soient monarchiques ; aussi bien nous ne pouvons guère le nier, et nous en faisons aujourd'hui, au moins pour la dixième fois, une trop cruelle expérience. Quatorze siècles d'asservissement ont bien pu habituer un peuple à courber la tête docilement et à accepter la servitude comme une nécessité fatale et sans remède ; mais les *instincts* d'un peuple ne se façonnent pas aussi facilement ; ils échappent à toute action humaine ; ils sont indépendants des temps et des lieux ; ils sont ceux de l'homme même. Or, aucun être de la création n'obéit volontairement à un maître qui s'impose à lui ; l'homme seul ferait-il exception, et n'aurait-il reçu le noble apanage de la raison que pour l'anéantir devant la volonté ou le caprice d'un de ses semblables, plus fort ou plus habile ? Sans insister sur le point historique ou philosophique de cette question, je me bornerai aujourd'hui à constater les sentiments démocratiques et républicains de la grande majorité des Français ; et voici quelle épreuve je propose à nos adversaires :

Comme ils ne manquent jamais de nous dire que les villes sont travaillées par la démagogie, mais que les campagnes ont conservé intact et pur leur culte monarchique, je propose au plus monarchiste de nos propriétaires limousins de choisir le paysan le plus inculte, le plus ignorant, le plus attaché à son maître, le plus dévoué à son maire ou à son curé, le mieux disposé à déposer, sans sourciller, n'importe quel vote dans n'importe quelle urne ; le public étant pris pour juge, nous lui ferons subir ensemble l'interrogatoire suivant :

— Crois-tu, mon ami, lui dirons-nous, qu'un homme, même chargé d'une nombreuse famille, ait besoin pour vivre de vingt-quatre millions de revenu par an, ou deux millions par mois, ou 66,666 fr. 66 cent. par jour, sans compter sept ou huit châteaux ou palais, pour le loger lui et tous ses valets ? Or, c'est ce que nous donnions à l'empereur, qui trouvait encore le moyen de soutirer au budget quelques dizaines de millions pour payer sa police à lui, sa garde secrète à lui, ses journalistes à lui, ses députés à lui, ses maîtresses à lui, et faire quelques petites économies, deux cents millions, dit-on, une simple poire pour la soif. Crois-tu que tout cet argent n'aurait pas pu être mieux employé, et même qu'il n'aurait pas mieux valu le laisser dans nos poches ?

— Je le crois, dira notre paysan.

— Crois-tu, mon ami, qu'il fût juste de donner à des maréchaux, à des amiraux, à des cardinaux, à des sénateurs, jusqu'à quatre ou cinq gros traitements : par exemple 181,000 francs à l'archevêque de Paris, et 318,000 francs au maréchal Vaillant; tandis qu'un pauvre facteur rural, âgé de soixante-quinze ans, après plus de quarante ans de bons services, se voyait refuser sa pension de retraite de 200 francs, sous le prétexte qu'il recevait déjà 250 francs comme ancien militaire de l'empire, et que le cumul est défendu en France ! (1) Crois-tu cela juste?

— Je ne le crois pas, dira notre paysan.

— Crois-tu, mon ami, qu'il était nécessaire de donner aux veuves de tous les grands dignitaires, 20,000 francs de rente, pour cause d'insuffisance de fortune, lorsqu'il était certain que la plupart avaient encore des millions : comme Mme Walewski qui faisait vendre quelques jours après, au prix de 1 million 700 mille francs, une propriété donnée par l'empereur à son mari ? Crois-tu que cela était juste ?

— Je ne le crois pas.

— Crois-tu, mon ami, que les paysans comme toi

(1) Tout le canton de Saint-Germain-les-Belles connaît ce facteur.

n'aimeraient pas mieux garder leurs enfants auprès d'eux, pour les faire travailler aux travaux des champs qui manquent de bras, que de les perdre pour six ou sept ans et quelquefois pour toujours ? Et s'il faut absolument des soldats pour faire la guerre, crois-tu qu'il soit juste que le riche garde son fils, moyennant quelques milliers de francs, et que les fils des pauvres aillent seuls se faire tuer pour défendre la patrie commune ?

— Je ne le crois pas.

— Crois-tu, mon ami, que tous les Français doivent payer l'impôt en proportion de leur fortune ? Et ceux qui n'ont ni terre, ni maisons, mais des capitaux, qui les prêtent à l'État ou aux compagnies de chemins de fer, doivent-ils être dispensés de payer leur part ?

— Je ne le crois pas.

— Crois-tu, mon ami, que tu ne serais pas plus content si tu savais lire toi-même les lettres qu'on t'écrit et y répondre toi-même, sans chercher le secours de ton voisin, qui connaîtra ainsi tous tes secrets de famille ? Crois-tu qu'il ne vaudrait pas mieux pour toi de pouvoir écrire sur un registre toutes tes affaires, ce que tu vends et ce que tu achètes, l'argent que tu reçois et celui que tu donnes ? Crois-tu enfin que l'instruction soit bonne pour toi et pour tes enfants ?

— Je le crois, répondra le paysan.

— Tu ne connais, mon ami, que ta religion, mais il faut te dire qu'il y en a cinq ou six en France, et une trentaine dans le monde, et que chacun tient à la sienne. Crois-tu qu'il soit juste de faire payer aux hérétiques, aux schismatiques, aux juifs, aux mahométans, à ceux qui ne vont jamais à l'église, le traitement des curés catholiques ? Chacun ne devrait-il pas payer seulement pour les prêtres de sa religion ?

— Je le crois.

— Si tu as un procès avec le gouvernement, ce qui peut arriver, ou même avec un voisin riche et puissant, crois-tu que tu obtiendras toujours bonne justice d'un juge qui est nommé par le gouvernement, qui attend son avancement du gouvernement et qui peut être destitué par le gouvernement ?

— Je ne le crois pas, répliquera le paysan.

— Si vous êtes vingt paysans dans votre commune, qui voulez vous réunir pour causer des affaires du pays, des élections, de la guerre ou de la paix, crois-tu qu'il soit juste qu'on vous arrête, qu'on vous juge et qu'on vous condamne ?

— Je ne le crois pas.

— Si une centaine d'ouvriers, ayant chacun un millier de francs, veulent s'associer pour monter un atelier ou une fabrique, s'ils veulent nommer leur ingénieur, leur directeur et partager entre eux les bénéfices, crois-tu qu'il soit nécessaire qu'ils en demandent la permission au gouvernement, et crois-tu juste qu'on puisse la leur refuser ?

— Je ne le crois pas.

— En résumé, mon ami, crois-tu qu'il soit temps de mettre un peu d'ordre et d'économie dans nos finances, en ménageant mieux l'argent des contribuables, en abandonnant tous les travaux improductifs et les folles dépenses, en réduisant les traitements scandaleux, et en supprimant tous les fonctionnaires inutiles ? Crois-tu qu'il soit bon que tous les citoyens soient véritablement égaux devant la loi ; qu'ils puissent tous obtenir facilement justice, et que les distinctions sociales ne reposent que sur le talent, le mérite, le travail et la probité ? Crois-tu, enfin, que chaque homme doit être libre de croire, de dire, de faire tout ce qui ne porte pas atteinte à la liberté d'autrui ?

— Je crois tout cela, monsieur.

— Eh bien! mon ami, tu es républicain sans le savoir; et comme tu représentes la France dans ses instincts les plus naïfs et les plus sincères, la France est républicaine.

Le même numéro de la Défense nationale *contenait la note et la lettre suivantes :*

Notre collaborateur et ami, M. Pierre Leyssenne, nous a adressé la lettre suivante, qui expliquera à ses lecteurs pourquoi nous avons rétabli sa signature au bas des *Lettres* qu'il continue à écrire dans la *Défense nationale.*

Magnac-Bourg, 26 *octobre* 1870.

Monsieur le rédacteur en chef,

Je partage votre opinion au sujet de la loi Tinguy sur les signatures, en ce sens que je la trouvais injuste, vexatoire et perfide, et je conçois que la République l'ait répudiée comme tant d'autres mesures attentatoires à la liberté. La détermination que vous avez prise de supprimer toutes les signatures de vos collaborateurs est parfaitement légitime et suffisamment justifiée par l'endossement à votre compte de toutes les responsabilités.

Toutefois, il peut être utile dans certaines circonstances, et il ne sera jamais nuisible à la démocratie que les républicains agissent à visage découvert et ne craignent pas de livrer leurs noms aux critiques et aux attaques de leurs adversaires. Je dirais presque que c'est un devoir pour eux, par le temps de réaction qui court, si je ne craignais de paraître blâmer l'opinion contraire que je respecte.

En ce qui me concerne, la suppression de mon nom à partir de ma troisième lettre a donné lieu à des suppositions fâcheuses qu'il m'importerait de ne pas laisser subsister. Amis comme adversaires, tous ceux qui n'ont pas pris garde que cette suppression provenait d'une mesure générale, m'accusent d'avoir voulu me soustraire à la responsabilité que des articles un peu radicaux pouvaient faire peser sur moi.

Comme cette intention est à mille lieues de ma pensée, je viens réclamer de votre obligeance de vouloir bien faire placer ma signature au bas de tous mes articles. La forme même de ma collaboration vous y autorise parfaitement, sans paraître revenir sur une détermination bien nettement annoncée.

L'insertion de cette lettre serait la meilleure de toutes les explications.

Veuillez agréer, etc.

Là se termine ma collaboration au journal la Défense nationale.

Quelques jours après, la Société de la Défense républicaine de la Haute-Vienne, *rendait quotidien le journal qu'elle venait de fonder sous le même titre de la* Défense républicaine, *et le Comité me chargeait d'en être le rédacteur en chef.*

Voir ci-après le programme de la Société. P. L.

PROGRAMME

DE LA

SOCIÉTÉ *LA DÉFENSE RÉPUBLICAINE.*

Nous ne subissons pas la République, nous sommes républicains, et nous repoussons énergiquement tous les despotismes.

NOUS VOULONS :

Une Assemblée nationale librement élue par le suffrage universel et déléguant elle-même le pouvoir exécutif, dont la présidence, pour celui qui en sera le titulaire, n'entraînera ni le titre de *président de la République*, ni les prérogatives attachées jadis à ce titre;

L'exclusion à perpétuité du territoire français de tout membre des dynasties déchues, à quelque degré de parenté que ce soit;

La décentralisation administrative dans la plus large mesure possible;

La responsabilité de tous les fonctionnaires, l'abolition du cumul et la réduction des gros traitements;

La réorganisation de la magistrature;

L'instruction gratuite et obligatoire, sans que, en aucun cas, les communautés religieuses ou les ministres d'un culte quelconque puissent être subventionnés par l'État et les communes;

Une répartition plus équitable de l'impôt ;

La liberté absolue de conscience, et, comme conséquence :

La liberté de tous les cultes, mais la séparation complète des Églises et de l'État ;

La liberté de la presse ;

Le droit de réunion et d'association.

Tels sont les principes fondamentaux dont la *Société départementale de la Défense républicaine* a pour but de poursuivre la réalisation par tous les moyens de persuasion qui seront en son pouvoir, en dehors de la ruse et de la violence.

Les questions politiques ont été suffisamment élaborées pour qu'il soit possible d'en réclamer l'application immédiate ; les questions sociales seront l'objet constant des études et des travaux de la *Société*.

La *Société* appelle autour du drapeau de la République, ainsi comprise, tous les républicains sincères, tous les hommes de conviction et d'énergie ; mais, instruite par le passé, elle n'entend nullement se laisser déborder. Elle a le droit d'exiger des garanties sérieuses de ses adhérents, elle les exigera.

Confiante dans l'honnêteté privée des citoyens, elle s'adresse à tous ceux qui ne se sont pas manifestement compromis avec l'empire, ou qui ne représentent pas les anciens partis monarchiques. La *Société* exige une adhésion écrite et signée à son programme républicain.

DÉFENSE RÉPUBLICAINE

ARTICLE-PROGRAMME

DU RÉDACTEUR EN CHEF DE LA *Défense républicaine.*

Limoges, le 6 novembre.

L'usage et la raison font un devoir au rédacteur en chef d'un journal, au moment où il entre en fonctions, d'indiquer, au moins sommairement, à ses lecteurs, le but qu'il se propose et la ligne de conduite qu'il entend suivre. Je ne veux pas me soustraire à cette obligation, mais ma tâche est ici fort simple.

En général lorsqu'un journal se fonde, il est ou la propriété exclusive de son rédacteur en chef, ou la propriété commune d'un petit nombre de capitalistes. Dans le premier cas, le journal représente les opinions d'un homme ; dans le second cas, il représente celles de quelques hommes ; et par là le journalisme a donné souvent prise contre lui, car on a pu l'accuser de se réduire quelquefois à de pures opérations commerciales.

La situation, à notre égard, est toute différente : la *Société de la Défense républicaine* est une association qui embrasse tout le département de la Haute-Vienne et compte de nombreux adhérents. Elle a publié un programme net, précis, catégorique, résumant sans ambages et sans détours sa foi républicaine. C'est ce programme que je suis appelé naturellement à défendre, à développer et à propager. Le rédacteur en chef ne pouvait que l'adopter ou se récuser. Or, je n'ai eu garde de me récuser et je me serais fait un cas de conscience de refuser mon concours à cette œuvre morale et patriotique qui consiste à faire comprendre et aimer la République.

Le but de mes efforts est donc bien déterminé; j'espère ne pas laisser plus d'obscurité dans les esprits sur la ligne de conduite que je me propose de suivre.

On admet généralement qu'il y a en France quatre ou cinq partis politiques, correspondant aux différentes formes de gouvernements qui s'y sont succédé depuis quatre-vingts ans. Il me semble que ces dénominations sont surannées, et que cette classification est aujourd'hui fausse et sans raison d'être. Il n'y a vraiment en France que trois partis.

Nous avons d'abord les monarchistes purs, qui par convenance, par habitude, par reconnaissance ou par intérêt, s'obstinent à vouloir un maître, un roi ou un empereur, mais un maître de leur choix et selon leur cœur, et qui n'entrent jamais en discussion sur leur détermination absolue et irrévocable. Ceux-là, il faut en convenir, sont peu nombreux, et leur nombre va chaque jour diminuant.

En second lieu et à l'autre pôle de la société, nous trouvons les républicains, devenus tels, soit par instinct ou par sentiment, soit par l'étude de la philosophie, de l'histoire et de l'économie politique. Plus fermes encore que les premiers dans leur foi, ils acceptent la discussion et ne reculent jamais devant le contrôle de la raison et de l'opinion publique. Font-ils actuellement la majorité en France? Nous le croyons, sans oser l'affirmer, tant on a pris soin de comprimer les élans généreux, de terrifier les esprits et d'égarer les consciences. Mais ce parti a pour lui la force morale et une vitalité puissante, parce qu'il prend sa base dans la raison et la justice même. Malgré quelques dissidences, plus apparentes que réelles, il a une unité, une homogénéité, une cohésion qu'aucune force humaine ne pourra maintenant détruire.

Entre ces deux partis se groupe tout le reste de la population, classe nombreuse, composée d'éléments très divers, primitivement distincts, mais aujourd'hui confus; sans programme, sans convictions, sans foi politique, réduisant toutes ses aspirations dans un seul vœu : l'établissement définitif d'un gouvernement quelconque, pouvant lui assurer la stabilité et la sécurité. Nous les appellerons les indifférents.

Cette division de la société en trois fractions n'est pas arbitraire, ni accidentelle ; elle est dans la nature des choses; elle se retrouve dans toutes nos assemblées politiques et dans les moindres réunions privées : sous la Convention on avait la Gironde, la Montagne et la Plaine ; dans les assemblées parlementaires : la droite, la gauche et le centre ; dans tous les temps : les réactionnaires, les radicaux et les conservateurs.

L'histoire nous apprend que la victoire ne reste jamais en dernier lieu à ces partis intermédiaires qui se croient sages parce qu'ils se disent modérés, qui se croient forts parce qu'ils sont nombreux, et qui, en réalité, sont incapables de rien fonder par eux-mêmes, parce qu'ils n'ont jamais aucune solution à offrir. Mais cette impuissance devient une force imposante, redoutable et toujours victorieuse, lorsque l'entraînement ou une conviction passagère les jette dans l'un des deux partis extrêmes. Celui-là acquiert aussitôt la majorité numérique, et ses actes constituent la légalité, sinon le droit.

Aujourd'hui nous sommes dans une situation politique où la plaine peut jouer un rôle décisif ; déjà la réaction lui fait ostensiblement des avances et les promesses les plus séduisantes. Il est temps que la démocratie avise ; car des concessions malheureuses, jointes à nos revers militaires, ont ouvert la porte aux espérances les plus insensées de restauration monarchique.

Ma ligne de conduite se trouve ainsi toute tracée : combattre les monarchistes dans leurs prétentions, rassurer et réconforter les républicains ébranlés ou intimidés ; enfin et surtout, éclairer les indifférents sur leurs véritables intérêts et sur ceux de la France et de l'humanité.

Nous croyons qu'un grand nombre d'esprits honnêtes sont aujourd'hui égarés et follement effrayés des prétendus desseins de la République. Au fond de leurs consciences, ils admettent la légitimité de toutes les revendications de la démocratie ; ils sont républicains sans s'en douter, mais ils redoutent le mot de République, dont on est parvenu à leur faire un épouvantail. Il nous faut dissiper ces ténèbres épaisses et faire resplendir aux yeux de tous la lumière des temps nouveaux.

Je me propose d'apporter dans la discussion la plus grande modération de langage, de ménager toutes les susceptibilités légitimes et d'éviter avec soin jusqu'aux apparences mêmes des personnalités ; mais qu'on ne se méprenne pas sur le sens de ces déclarations, elles n'impliquent en aucune façon la moindre concession sur les principes, et autant je tâcherai d'être modéré et conciliant dans la forme, autant on me trouvera ferme et inflexible sur les bases de notre programme et sur leurs conséquences rigoureuses. Heureux si je puis apporter quelques pierres à l'édifice si laborieusement érigé, encore inachevé, mais déjà indestructible de la démocratie triomphante.

LA REDDITION DE METZ

ET L'INSURRECTION DE PARIS.

La semaine qui vient de s'écouler a été mauvaise pour la France et mauvaise pour la démocratie. Nous avons appris coup sur coup deux événements également déplorables, quoique à des titres différents, et dont tous les cœurs honnêtes ont dû gémir : la reddition de Metz et la tentative d'insurrection dans Paris.

Tout a été déjà dit sur les deux capitulations de Sedan et de Metz, auxquelles l'histoire ne voudra pas croire, que l'Europe ne doit pas comprendre et que la France ne pardonnera jamais.

L'excuse que l'on veut tirer au profit de Bazaine de l'insuffisance des vivres et des munitions, ne supporte pas la discussion, car la question est précisément de savoir s'il fallait laisser s'épuiser ces vivres et ces munitions avant de tenter un suprême effort, et c'est assurément ce qu'aurait fait un général plus soucieux de son honneur et de l'honneur de la France, que des intérêts d'une dynastie depuis longtemps condamnée par l'opinion publique. Mais l'homme du Mexique, sur le courage militaire duquel on croyait au moins pouvoir compter, a voulu ajouter cette flétrissure à son nom, et ne pas démériter de son illustre maître. « Saül a tué mille Philistins, mais David en a tué dix mille, » lit-on dans la Bible. On pourra lire dans l'histoire de France : Napoléon a livré quatre-vingts mille de ses soldats, mais Bazaine en a livré cent cinquante mille. Glorifions le Seigneur !

La tentative d'insurrection qui vient d'avorter à Paris et qui avait pour but de constituer une Commune ou un Comité de salut public, n'aura pas et ne pouvait avoir les mêmes conséquences. Mais il n'en reste pas moins un fait très regrettable, parce qu'il retarde dans beaucoup d'esprits le travail de rapprochement qui se faisait en faveur de la République. Malgré tous les agissements et toutes les trames de la réaction, les esprits sensés et honnêtes commençaient à se demander à quoi nous menaient ces essais toujours renouvelés et toujours infructueux de royauté et de restauration, et s'il ne serait pas temps de se reposer de toutes ces agitations, de toutes ces révolutions, de toutes ces invasions et de toutes ces guerres qui marchent à la suite des monarques. Déjà, malgré la légitimité contestée de l'origine du gouvernement provisoire, on se plaisait à reconnaître que ces ministres improvisés avaient trouvé dans leurs talents et dans leur énergie les moyens d'organiser vigoureusement la défense nationale, dans les conditions les plus désastreuses que l'impéritie du gouvernement personnel leur avait léguées ; on leur savait gré d'avoir calmé les passions politiques, pour tourner tous les efforts de la nation contre l'invasion étrangère ; les républicains, même les plus impatients, paraissaient leur pardonner une tendance à cet esprit de conciliation, toujours honorable, mais souvent dangereux, qui a perdu la République en 1848 ; toutes les questions étaient remises et ajournées jusqu'à l'expulsion définitive de nos ennemis hors du territoire ; le *statu quo*, bien que reconnu irrégulier, était unanimement accepté, lorsqu'un groupe bien mal inspiré de démocrates parisiens a cru pouvoir imposer sa volonté à la grande cité et, par suite, à la France entière. Quelque justes que fussent leurs réclamations, que nous ne pouvons ni apprécier ni connaître, elles étaient souverainement inopportunes et ne pouvaient avoir d'autre résultat que de servir les intérêts des Prussiens et de réjouir tous les cœurs royalistes. Comment ne l'ont-ils pas compris? Ah! c'est qu'ils n'habitent pas la province comme nous et qu'ils ne se doutent pas du mal qu'ils font à notre cause ; car, j'en suis convaincu, s'ils connaissaient la disposition des esprits dans nos campagnes, ils feraient le sacrifice de leurs ressentiments, de leurs passions et de leurs impatientes ardeurs.

L'article ci-dessus était écrit quand nous avons appris le résultat du vote des électeurs de Paris sur cette question :

« La population maintient-elle, ou non, les pouvoirs du Gouvernement de la défense nationale ? ».

Voici ce résultat :

Oui : 442,000
Non : 49,000

Honneur à cette population de Paris, aussi intelligente que brave, qui combat à la fois et avec le même bonheur les ennemis du dehors et les ennemis du dedans. Républicains des départements, ralliez-vous sans hésitation à ce gouvernement provisoire, que Paris vient de consacrer de nouveau, qui est notre dernière ancre de salut, qui pourra commettre des fautes, mais qui, du moins, n'est capable ni de lâcheté, ni de trahison, ni d'usurpation (1).

Qu'aucun attentat contre nos libertés n'ébranle votre foi ni vos espérances.

Vous n'apprendrez pas avec moins d'émotion la tentative criminelle dirigée à Marseille contre le repré-

(1) L'auteur pensait ainsi alors.

sentant du pouvoir central, M. Alphonse Gent. En vain on cherchera à rendre notre parti responsable de ces sexcès ; nous répudion hautement les hommes qui s'en rendent coupables, et nous devons les considérer, quelques masques qu'ils prennent, comme nos plus redoutables ennemis.

Limoges, 12 *novembre* 1870.

RÉPUBLIQUE ET MONARCHIE.

« La République seule peut nous sauver ; si elle périssait, nous péririons avec elle. »

Telles sont les paroles qui ont servi de conclusion au discours que le général Trochu a prononcé récemment devant la garde nationale de Paris.

Comment expliquer qu'un général, dont les sympathies pour le gouvernement parlementaire et la famille d'Orléans étaient notoires et avouées, ait fait une déclaration aussi nette et aussi explicite en faveur de la République ? Faut-il voir dans le gouverneur de Paris un de ces hommes, à la conscience élastique, qui se jouent de leurs promesses et de leurs serments, et qui toujours prêts à tromper tous les partis, les encensent tous au gré de leurs caprices, de leurs intérêts immédiats ou de leurs calculs ambitieux ? Personne n'a le droit de faire cette injure au général Trochu ; son caractère, ses antécédents, sa vie tout entière ne permettent pas de pareilles insinuations (1). C'est un

(1) L'auteur croyait alors au général Trochu.

soldat qui, dans le chemin de la liberté, s'était arrêté à moitié route, et qui vient de franchir sa dernière étape avec fermeté et résolution. Félicitons-nous d'avoir acquis ce nouvel et vaillant champion à la cause républicaine, et faisons un vigoureux appel à tous ceux qui, comme lui, font passer avant leurs intérêts ou leurs préférences, plus ou moins raisonnées, le salut de la patrie et le triomphe de la liberté.

Oui, la République est désormais le seul gouvernement possible. Que ceux-là y réfléchissent sérieusement qui ont ou affectent d'avoir pour elle un souverain mépris. Nous ne leur demandons pas, pour aujourd'hui du moins, de peser les raisons qui en font pour nous théoriquement et absolument, non-seulement une des formes possibles et acceptables de gouvernement, mais le seul gouvernement rationnel qui puisse donner satisfaction à tous les besoins de la société et des individus. Laissons ces considérations de côté, et plaçons-nous au point de vue exclusivement pratique. Aussi bien la masse de la population, en tout temps peu portée à raisonner et à philosopher, est-elle aujourd'hui tellement oppressée par les dangers de la situation, qu'elle ne cherche d'autre solution que la combinaison politique qui pourra garantir ses intérêts et rétablir la paix le plus promptement possible.

Eh bien ! à ce point de vue même, si tristement exclusif, le salut de la société est dans la République.

Légitimistes de toutes les nuances ! car les nuances ont pénétré même chez vous, répondez à cette question : Êtes-vous prêts à prendre la succession de l'empire et à repousser l'invasion prussienne ? Consentez-vous à liquider ce passé désastreux et à comprimer les passions populaires sans attenter à la liberté ? Votre prétendant n'est-il pas d'ailleurs le descendant de ceux que ramenèrent en France les baïonnettes étrangères, et oseriez-vous, par trois fois dans un même siècle, dater votre retour du jour de nos humiliations et de nos désastres ? Non, dites-vous. Alors qu'espérez-vous, en affichant déjà vos vœux et vos prétentions ? Ne craignez-vous pas de jeter la discorde parmi nous, et ne trouvez-vous pas que le désordre moral est assez grand pour venir compliquer, sans l'espoir du succès, sans la volonté de réussir, les difficultés que rencontrent la défense nationale et l'apaisement des esprits.

Et vous, Orléanistes, constitutionels et parlementaires, qui, à la vérité, avez fait entrevoir la liberté à la France, mais qui l'avez si parcimonieusement distribuée et si inégalement répartie que le peuple, oublié dans le partage, vous a répudiés une première fois ; croyez-vous aujourd'hui que votre adjonction des capacités suffirait pour une nouvelle révolution ? Accepteriez-vous le suffrage universel, qui est l'ennemi né de toute monarchie, ou seriez-vous assez forts pour le restreindre ? Heureux capitalistes, honnêtes bourgeois, tranquilles propriétaires, laborieux commerçants ! le monde a marché depuis vous. D'autres besoins, matériels et moraux, se sont fait sentir. Les classes inférieures, trop longtemps déshéritées, veulent leur part d'instruction, leur part de bien-être, leur part de liberté, une place au soleil, qui ne luisait pas pour tous. Si vous êtes restés ce que vous étiez, vous ne pouvez gouverner la société moderne, la société actuelle ; elle vous emporterait au premier jour dans un accès de colère. Si au contraire, vous avez marché avec le progrès, si vous voulez toutes les conséquences de nos révolutions, vous êtes des nôtres. Qu'avez-vous besoin de rois et de monarques? Est-ce un sentiment de respect pour une ancienne famille qui vous attache à eux? Gardez-vous le souvenir d'une cour honnête et de princes chevaleresques? Voilà sans doute des sentiments respectables, mais d'une politique bien douteuse; et les masses, et le peuple, connaissent-ils vos rois, vos prétendants? Comment leur ferez-vous comprendre seulement l'utilité de ce vieux rouage si dispendieux, principe de stabilité, disait-on, et qui n'a jamais empêché la machine gouvernementale d'éclater en morceaux. Laissez, laissez donc cette sentimentalité rétrospective. Honorez vos princes comme hommes, mais pensez à la France, qui a besoin du concours de tous les esprits intelligents, de tous les cœurs honnêtes. Ralliez-vous à cette République qui seule peut aujourd'hui chasser l'étranger, et qui demain encore sera notre seul refuge contre les violents de tous les partis.

Quant aux bonapartistes, je ne sais s'il en est encore, et si les hontes de Sedan et de Metz n'ont pas complétement dissipé toute illusion sur cette famille aussi immorale que néfaste. Dans tous les cas, je ne me sens pas le courage de leur faire un appel, car il ne doit battre dans leurs poitrines ni des cœurs d'hommes ni des cœurs de Français.

Limoges, 14 novembre.

LES COMMUNISTES.

Un journal voulant désigner la minorité factieuse qui a tenu prisonniers à l'hôtel de ville de Paris plusieurs membres du Gouvernement de la défense nationale, les a nommés des *Communistes*, par la raison qu'ils réclamaient une *Commune*. Le jeu de mots est assez piquant, mais il ne nous paraît pas heureux, parce qu'il peut offrir des dangers auxquels ce journal n'a certainement pas songé. C'est ainsi que s'accréditent des erreurs qui deviennent des injustices, et que des plaisanteries inoffensives se transforment, en passant par des bouches malveillantes, en véritables calomnies.

Le mot *Communistes* a une signification assez généralement comprise, et qui n'a aucun rapport avec l'idée de *Commune*, telle que nous l'entendons, ou telle que l'entendent les agitateurs parisiens, marseillais ou lyonnais. Tous les républicains veulent l'indépendance des conseils municipaux, leur élection par le suffrage universel, en un mot la constitution de la Commune ; et cependant, bien peu sont communistes, si même il y en a un seul ; car un républicain, en bonne logique, ne saurait être communiste. L'absorption des individus par l'État, la distribution arbitraire des charges communes et l'égalité des salaires, sont toutes choses incompatibles avec la liberté, et, par conséquent, inacceptables au premier chef pour un républicain.

En fait, les hommes compromis le 31 octobre à Paris ne sont pas communistes. La plupart ont de la fortune ou au moins de l'aisance, et les ouvriers qui ont marché à leur suite ou peut-être à leur tête, les plus turbulents des clubistes parisiens, ont pour le communisme une très médiocre sympathie ; beaucoup à la vérité sont socialistes, et cette dénomination n'est guère moins odieuse aux monarchistes que la première, parce qu'ils ne les comprennent ni l'une ni l'autre, n'ont jamais cherché à se rendre compte de ces systèmes, et se bornent à confondre dans une même réprobation aveugle : socialistes, communistes et républicains. Tous ces termes pour eux sont synonymes. Cependant il y a un abîme entre ces écoles : les communistes qui n'ont aucune racine en France, où ils peuvent passer pour une curiosité, détruisent tous les ressorts de l'activité humaine, en promettant à tous et à chacun la même existence ; tandis que les socialistes, à quelque branche qu'ils se rattachent, tendent à l'amélioration des conditions de la vie par le développement progressif des facultés individuelles, et en proportion des efforts et des aptitudes de chacun des membres de la société.

Si les promoteurs des malheureux événements de Paris ne sont pas des communistes, dans le sens grammatical et historique du mot, ils ne sont pas davantage, pour dire la vérité, partisans d'une commune semblable à celle qui, en 1793, dictait ses lois au gouvernement même. Nous sommes à l'aise pour dire notre pensée tout entière, car nous blâmons sans réserve la tentative de rébellion du 31 octobre ; mais nous ne nous croyons pas dispensés d'être justes envers des adversaires.

Qu'on se représente Paris le jour où éclate la sédition : des bruits d'armistice circulent ; on ne connaît pas les conditions proposées ou offertes de cet armistice ; mais ces bruits coïncident avec l'arrivée à Paris de M. Thiers, dont nous louerons, si on veut, le patriotisme, mais qui ne fut jamais tendre pour les démocrates, et aussi avec un échec partiel éprouvé par nos troupes au Bourget. Qu'on songe en même temps que les murs de Paris contiennent une population mobile, ardente, émue, anxieuse, prête à la lutte contre le canon ennemi, contre la misère, contre la faim, contre la mort, mais en majorité dévouée à la République, tremblant de la perdre, légitimement soupçonneuse, et payée pour tout craindre. Qu'on réfléchisse enfin que, par la force des choses et le malheur des temps, le Gouvernement provisoire n'a pu recevoir la consécration du suffrage universel, qu'il est un pouvoir consenti tacitement, mais non légitimé ; et l'on n'aura aucune peine à comprendre, en se plaçant à ces hauteurs sereines où la raison étouffe la passion politique, que des républicains sincères, bouillants de jeunesse et d'audace, ou vieillis dans les cachots et en exil, aient tenté de se substituer à un pouvoir qu'ils croyaient trop hésitant et trop faible.

Grande a été leur erreur, nous en convenons, mais ils ne cherchaient pas à créer une Commune dans le sens révolutionnaire du mot, et à élever un pouvoir en face d'un autre pouvoir pour le contrôler et le paralyser. Ils voulaient être le gouvernement même, ils voulaient faire une révolution en leur faveur.

Or, cette tentative était coupable ; elle l'était pour plusieurs raisons : d'abord, en face de l'étranger, sous l'étreinte d'une colossale invasion, l'union de tous les citoyens, et surtout des républicains, est de nécessité stricte et absolue ; et il vaut mille fois mieux un gouvernement obéi, malgré ses fautes ou ses faiblesses, que la guerre civile et l'anarchie, auxiliaires puissants et surtout prévus de nos ennemis.

En second lieu, les députés qui ont repris le pouvoir usurpé depuis dix-huit ans et tombé des mains de l'usurpateur, sont précisément les hommes que la ville de Paris avait choisis récemment pour représenter ses intérêts particuliers, en même temps que les intérêts généraux de la France endormie. A personne plus qu'à eux ne revenaient l'honneur et la charge d'organiser la défense de Paris et des départements. Lourde charge et périlleux honneur, qui ne leur vaudront, même après le succès, que la calomnie et l'impopularité. Qui peut douter de bonne foi qu'ils ne soient les plus impatients de voir le jour où ils pourront remettre leurs pouvoirs aux mandataires élus de la nation ?

En attendant, ils sont le gouvernement, le seul gouvernement possible, le gouvernement de la nécessité. Il faut lui obéir. Ceux qui ne l'ont pas compris ont été coupables. Ceux qui ne le comprendraient pas aujourd'hui, après le vote du 3 novembre, seraient criminels.

Coupables ou criminels, ce sont encore nos frères, ce sont des Français, ce sont des hommes. Donc, point de peines infamantes, point de déportation et surtout point de peine capitale.

La mort ! qui donc a pu inventer cette pénalité, même pour les plus grands crimes ? A quel degré d'affaiblissement moral était descendue l'humanité pour inscrire cette peine dans nos codes ? Par quelle abstraction singulière peut-on prononcer le mot sans penser à la chose ? Pour moi, je suis toujours frappé d'étonnement quand j'entends sortir de la bouche d'un honnête père de famille, d'une femme pieuse ou même d'une jeune fille, des mots tels que ceux-ci : Ce sont des brigands, il faut les fusiller ! C'était un misérable, la guillotine en a eu raison. Ce misérable, c'est Orsini, par exemple ; ces brigands, ce sont Félix Pyat et Louis Blanc.

Mais que cette mort juridique vienne frapper Louis XVI, ou le duc d'Enghien, ou Ney, ou Maximilien, aussitôt elle reprend toute son horreur, et on ne peut assez maudire les juges et les bourreaux.

Non, ce ne sont ni les juges ni les bourreaux qu'il faut maudire, mais la peine de mort elle-même. La mort ne peut être donnée qu'en cas de légitime défense, diront le philosophe austère et l'âme sensible ; elle ne doit jamais être donnée, dira l'âme chrétienne.

LA DÉMISSION DE ROCHEFORT.

On annonce de toutes parts la démission, comme membre du Gouvernement provisoire, de Rochefort, ou du citoyen Rochefort, ou de monsieur Rochefort, ou enfin du comte de Rochefort. C'est le même personnage, comme chacun sait, mais chacun le drape à sa manière. On dit que bafoué et hué par ses amis de la veille, par ses chers électeurs, il rentre dans la vie privée, désenchanté, désabusé, emportant avec lui toutes ses illusions de gloire et de popularité.

Ce n'est pas nous qui le rappellerons ; nous n'avons jamais fait grand cas de son esprit politique, ni de la solidité de ses convictions. Esprit dur et sec, penseur superficiel, écrivain imagé, mais abrupte et sans délicatesse, il n'a eu d'empire sur les masses que par sa haine pour Bonaparte. Incapable de modérer son tempérament bilieux, orateur plus que médiocre, il pouvait avoir son jour, et nous allons dire pourquoi ; mais il n'était nullement l'homme de la situation, et nous n'avons jamais compris ni l'enthousiasme qu'il a excité dans les classes ouvrières, ni le mépris dans lequel le tenait la bourgeoisie. Ces deux sentiments, également exclusifs, dépassaient la juste mesure de cent coudées, et de part et d'autre on eût été bien embarrassé de justifier ce double entraînement.

Je n'hésite pas à penser que la bourgeoisie se montra encore plus inintelligente à son égard que les ouvriers. Dans un temps où la France presqu'entière courbait la tête sous la main de fer d'un despote, lorsque humiliée et tremblante elle faisait à peine entendre quelques plaintes encore respectueuses, un homme, un seul homme, presque un adolescent, à peine connu par sa collaboration à un journal bien peu démocratique, *le Figaro*, ose le premier attaquer de front le colosse d'airain, et montrer son piédestal formé de sable, de boue et de sang. Il ose regarder en face cette magistrature redoutable qui vendait ses arrêts à des prix tariffés ; il affronte ses prisons, ses amendes, l'exil même. Rien n'arrête sa plume vengeresse ; il démasque les visages, il dévoile les turpitudes, il demande vengeance au nom de la morale et du droit outragés. Qui donc a fait plus que lui pour renverser l'idole ? C'est lui qui a soulevé la tempête, c'est lui qui a fait monter le flot des colères populaires, et on pouvait déjà dire, en retournant le mot connu : L'empire est *défait*.

Ce fut là le mérite de Rochefort, et les ouvriers de Paris le comprirent ; mais une fois entraînés à sa suite, ils prirent pour du talent et du génie ce qui n'était qu'une fougue de style et une rage de haine. Ebloui par cette popularité soudaine, Rochefort ne sut pas, dès le premier jour, rompre ouvertement avec la partie séditieuse et violente de son entourage ; il ne sut, ne voulut ou n'osa poser ses conditions et faire ses réserves. Il devait succomber fatalement et dans un avenir prochain ; s'il en est étonné, c'est une marque de plus de la légèreté et de l'inconsistance de son esprit.

Mais s'il ne pouvait soutenir longtemps le rôle qui lui était fait, il était loin d'être dangereux ; et son action passagère sur les masses pouvait rendre et à rendu en effet de grands services à la cause de l'ordre et de la liberté. Au lieu de s'effrayer, les classes dites éclairées, auraient dû le considérer comme un auxiliaire ; mais nous ne comprenons pas en France le jeu des institutions libres ; tout homme dont les idées dépassent la mesure des nôtres est un ennemi. Demain peut-être, c'est lui qui nous sauvera ; mais en politique, il n'y a pas de demain. Aujourd'hui cet homme attaque l'empereur, les ministres, les magistrats, c'est un misérable ; et il ne vient à la pensée de personne, que dans quelques mois on sera de l'avis de ce misérable, on jugera qu'il avait raison ; le mot n'en est pas moins parti, il a fait son chemin, il reste, et Rochefort est flétri. Aujourd'hui il rompt avec les fauteurs de désordre, il défend notre propre cause, qu'importe. L'outrage sous toutes les formes, la calomnie, les insinuations les plus perfides, rien n'a été ménagé contre Rochefort, le stigmate que vous lui avez imprimé est indélébile.

Adulé d'un côté, honni de l'autre, il disparaîtra de la scène sans avoir été jugé équitablement, et c'est bien de lui qu'on pourra dire qu'il ne méritait ni cet excès d'honneur, ni cette indignité.

Limoges, 15 novembre.

RIEN N'EST CHANGÉ !

Si un homme, indépendant par sa position de fortune et par son caractère, doué d'une grande modération d'esprit, de beaucoup de jugement et de sagacité, avait des relations assez nombreuses et assez variées pour être admis familièrement dans toutes les classes de la société et qu'il pût entendre parler tour à tour le riche et le pauvre, le rentier et le prolétaire, le propriétaire et l'ouvrier, le fonctionnaire et l'administré, le maître et le serviteur, le père et le fils, la fille et la mère, dans les châteaux, dans les maisons bourgeoises, à la ville, à la campagne, dans les hôtels, dans les cafés, au cabaret, à l'atelier, partout enfin; un tel homme, après avoir tout vu et tout entendu, tout pesé et tout comparé, posséderait la vérité absolue sur les hommes et sur les choses. Il en tirerait des règles de conduite parfaitement déterminées ; ce serait un sage. Il faudrait courir à lui pour lui demander conseil et appui. Mais aucun homme ne jouit de tous ces dons et de tous ces priviléges; et nous sommes tous condamnés, par les conditions de notre pauvre humanité, à vivre dans une sphère étroite, sous un horizon restreint. Chacun de nous, ou à peu près, vit et meurt dans le milieu où il est né. Si par aventure un homme sort de sa condition, c'est pour entrer dans une autre, où il se trouve enchaîné comme dans la première. L'homme de loi songe à son code, l'ingénieur à ses plans, le fabricant à ses produits, l'ouvrier à ses outils, le laboureur à sa charrue, et ainsi de suite dans toute l'échelle sociale. Voilà pour le côté matériel. Dans l'ordre moral et intellectuel, c'est encore pire : suivant qu'un homme est né d'un côté ou de l'autre d'une rivière ou d'une montagne, suivant qu'il se nourrit de vin ou d'eau, de viande ou de châtaignes, suivant qu'il croit descendre des Francs ou des Gaulois, que ses ancêtres sont allés aux croisades ou en ont payé les frais, suivant que son père aime Voltaire ou Joseph de Maistre, cet homme est casé dès sa naissance ; il aura telles croyances, tels préjugés, telles passions. L'éducation, comme elle a été donnée jusqu'à présent, ne changera guère le courant de ses idées, le monde se résumera pour lui dans son église, dans sa coterie. Il ne verra jamais les choses que par un côté, et ne s'avisera jamais de les regarder de l'autre. Il a la vérité infuse, la science universelle ; il tranche, il affirme ; il blâme, il loue, il calomnie un peu, il ne pardonne jamais.

Ces réflexions générales se présentent à la pensée quand on voit la politique actuelle jugée avec tant de légèreté et de sans-façon par ceux qui n'en connaissent pas le premier mot, et surtout par ceux qui ne veulent pas y appliquer les règles ordinaires de la raison.

La République ! disent les uns ; ah ! quel malheur ! nous sommes tous perdus ! Quel bonheur ! disent les autres ; nous voilà tous sauvés et tous heureux ! Deux mois après, si quelques maires sont destitués, si quelques procureurs impériaux ou juges de paix sont remerciés, si un jeune avocat de talent et de cœur prend la direction de deux ministères ; les premiers vont partout se lamentant : où allons-nous, grand Dieu ! ah ! pauvre France ! entre quelles mains tu es tombée ! D'un autre côté, si le Gouvernement, absorbé par les soins extraordinairement impérieux de la défense nationale, n'a pas, dans ces deux mois, tout réformé, tout amélioré ; s'il y a encore des abus à détruire, on s'écrie : rien n'est changé !

Ainsi, d'un côté, tout est bouleversé ; de l'autre, il n'y a encore rien de fait. Eh bien ! on a tort des deux côtés.

Tranquillisez-vous, monarchistes ; la terre tourne encore sur son axe, le cataclysme qui doit nous engloutir n'est pas proche, parce que vous avez perdu un préfet, un maire, voire même un procureur général ; et vous, républicains, ayez plus de confiance. Sans doute, tout ce qui doit changer n'est pas changé : ni l'armée, ni la magistrature, ni l'instruction publique ne sont organisées ; la séparation de l'Église et de l'État, l'assiette plus équitable de l'impôt n'ont pas été décrétées ; mais le gouvernement actuel n'a ni le pouvoir ni la mission d'ordonner ces réformes ; à la Constituante seule appartient le soin et revient le droit de reconstituer notre état politique et social sur des bases conformes à la justice et à la dignité humaine.

Mais est-il vrai que rien ne soit changé encore ? Quoi ! n'avez-vous pas la liberté de la presse ? et pourrais-je vous adresser aujourd'hui ce langage, si nous vivions sous l'ancien régime ? L'opposition au gouvernement établi a-t-elle jamais pu plus librement avouer ou laisser entendre plus clairement ses préférences dynastiques ? N'avons-nous pas la liberté de réunion, et n'en faisons-nous pas dans notre société de la *Défense républicaine* un usage assez large et assez complet, qui ferait l'admiration de nos adversaires, si nos adversaires voulaient seulement voir, comprendre et être justes envers nous? Vous avez enfin, et manifestement, la liberté en général, la liberté entière. Allez, parlez, écrivez, réunissez-vous, agissez; vous avez l'arme entre vos mains, sachez vous en servir. Les républicains de la campagne voyant les mêmes fonctionnaires, les mêmes employés dans les services publics, croient que rien n'est changé et n'osent afficher leurs sentiments. Détrompez-les, et dites-leur bien qu'ils n'ont rien à craindre ; que ces fonctionnaires feront leur devoir ou seront changés ; que tout ne peut se faire à la fois ; qu'il ne suffit pas de destituer, il faut remplacer les hommes destitués ; que les hommes capables, tels que les veut la République, ne sont pas nombreux ; qu'il faut savoir les trouver ou les former ; mais dites leur surtout que la République ne peut plus nous échapper ; que la France entière, armée contre l'étranger, restera encore armée après la victoire pour défendre ses droits.

PRUSSE ET RUSSIE.

Les deux grands événements du jour, après notre victoire d'Orléans, sont la nouvelle circulaire de M. de Bismark, et la dénonciation par la Russie du traité de 1856.

Nous ne savons pas pour qui M. de Bismark écrit ses circulaires, mais assurément ce n'est pas pour les Français, ni pour les gens sensés de l'Europe. Il y a dans son langage une mauvaise foi si manifeste, et son désir d'éveiller les susceptibilités de la France contre le gouvernement provisoire est si transparent que personne n'y sera trompé, et qu'il manquera complétement son but.

« Le fait qu'un homme éminent et expérimenté comme M. Thiers avait accepté les pleins pouvoirs du gouvernement de Paris, donnait lieu d'espérer qu'on ferait des propositions *acceptables.* »

Or, chacun sait ce que M. de Bismark entend par des propositions acceptables. De peur qu'on ne s'y méprenne, il le déclare sans pudeur : c'était le *statu quo* militaire, sans le ravitaillement de Paris. La Prusse voulait un équivalent, le fort du Mont-Valérien par exemple. A ce prix, elle consentait à permettre que la France procédât aux élections de la Constituante. Mais M. Thiers s'y est refusé et « le roi a été *justement étonné* et *désillusionné* en voyant s'évanouir les espérances qu'il avait attachées aux négociations engagées. »

Ces mots ne sont-ils pas jolis dans la bouche du naïf Bismark ? Mais ce n'est pas tout. La demande du ravitaillement de Paris était de notre part une *exigence ironique* et un *prétexte* pour *refuser les élections* à la nation. La nation en a jugé autrement. L'armistice, même avec le ravitaillement de Paris, n'était pas du goût de la France ; elle aime mieux en finir avec cette insolente invasion, qui n'aurait jamais eu lieu si elle avait été maîtresse de ses destinées il y a quatre mois, comme elle l'est aujourd'hui ; la levée en masse va avoir raison de ces vainqueurs barbares qui, à l'abri derrière leurs canons et derrière leur diplomatie, n'ont pas plus de bonne foi que de courage.

Mais laissons ces ineptes élucubrations prussiennes, pour porter nos regards sur le point noir qui surgit à l'horizon. Le czar de Russie, trouvant l'occasion bonne, déchire, assure-t-on, le traité de Paris conclu à la suite de la guerre de Crimée. Cette nouvelle parviendra-t-elle enfin à émouvoir nos amis les Anglais, ou veulent-ils se désintéresser absolument des affaires de l'Europe ? Il est évident que nous ne pouvons porter secours à la Turquie ; mais notre alliée dont les arsenaux sont pleins et les vaisseaux tout prêts, assistera-elle impassible à cette violation du droit des gens ?

Allons, rois, empereurs, mylords et messieurs, à l'œuvre, et qu'on vous voie brasser à trois ou quatre les affaires d'Orient, comme les Napoléon, les Guillaume et les Bismark brassent celles de l'Occident. Allez, les peuples vous regardent !

Limoges, 21 novembre.

LE DÉSORDRE MORAL.

La France est envahie ; Paris est assiégé ; un quart de la France est ruiné ; notre agriculture souffre, notre industrie agonise, notre commerce est mort ; toutes les calamités semblent accumulées sur notre malheureuse patrie.

Eh bien ! à notre avis, tous ces maux qui nous accablent, tous ceux qui nous menacent encore, ne sont rien en comparaison de l'effroyable désordre moral qui règne dans les esprits. Les fruits toujours amers du pouvoir personnel, les conséquences toujours funestes de l'abaissement de tous devant la toute-puissance d'un seul, n'apparurent jamais avec un éclat plus sinistre qu'aujourd'hui.

La France paraît vraiment frappée d'aveuglement. Lorsque toute la jeunesse valide est en armes, lorsque les pères de famille sont prêts à la soutenir ou à la remplacer, lorsque nos armées vraiment nationales reprennent l'offensive et effacent les hontes de Sedan et de Metz, en attendant qu'elles anéantissent ou mettent en fuite nos ennemis désabusés et découragés malgré leurs triomphes ; lorsque la France militaire est prête à renouveler les prodiges de 1792, et à étonner encore le monde ; pourquoi faut-il que l'ennemi intérieur, d'abord surpris et décontenancé, puis insensiblement enhardi par les faiblesses et les concessions d'un gouvernement trop débonnaire, vienne éveiller parmi nous les plus mauvaises passions ; et pour satisfaire je ne sais quel caprice insensé de restauration monarchique, se jette de gaieté de cœur dans une opposition systématique et déloyale, qui ne peut aboutir qu'au ridicule ou à l'odieux, à une défaite éclatante ou à la guerre civile.

La guerre civile ! mot terrible, chose impie. Loin de nous la pensée d'accuser nos adversaires de la préparer sciemment, volontairement; mais elle arrive ; elle marche lentement, elle marche toujours. Ils la voient comme nous s'avancer, mais elle ne les effraie pas ; ils se ferment les yeux, ils se bouchent les oreilles; ils se déclarent innocents, ils s'en lavent les mains. Si elle nous enlace et nous étreint, ce sera encore nous qui en serons cause; c'est nous qui l'aurons voulu, c'est nous qui, en touchant à l'arche sainte de l'injustice organisée et des priviléges monarchiques, en ébranlant cet admirable ordre social fondé sur les grasses sinécures et sur la misère du peuple, c'est nous qui aurons attiré sur la France toutes les colères célestes, et mérité la flétrissure des honnêtes gens.

On est confondu de ce mélange de tranquillité d'âme et d'aveuglement intellectuel et moral, de cette placidité de conscience et de cette insanité d'esprit. Le mal est si profond, si enraciné, qu'il semble rebelle à tout moyen curatif. Invoquons-nous la raison, la discussion, les arguments? Chansons, que tout cela. Ils ne nous écoutent pas, ils ne nous lisent pas ; nous sommes des républicains, c'est-à-dire des gueux, des pestiférés. Arrière, Satan ! et tout est dit. Faisons-nous appel aux sentiments, aux nobles passions de l'âme, à la justice, à l'amour des hommes, à l'amour de la patrie? Ils nous répondent : un roi ! vite un roi ! nous voulons un roi !

Eh bien ! vous ne l'aurez pas, ce roi. Ce sont les républicains qui vous le disent. Ils vont continuer à éclairer le peuple et à lui montrer ses droits. Si vous nous fermez vos portes, nous crierons par-dessus les toits, et les habitants des campagnes, comme ceux des villes, finiront par nous entendre ; et vous resterez dans votre isolement, et ils vous abandonneront, et ils viendront à nous, et nous fonderons la République, qui n'est pas une abstraction, comme vous aimez à le dire, mais un être réel, visible, palpable ; car c'est la famille, c'est la propriété, c'est l'ordre, c'est la religion, c'est la vérité, c'est la justice. Place donc à la République ! Place à la liberté, à la lumière, à l'émancipation de l'hnmanité !

Limoges, 22 novembre.

LE DROIT.

Vous voulez un roi, disions-nous hier à nos adversaires de toutes les nuances : eh bien ! vous ne l'aurez pas. La République est, et la République sera. Nous la défendrons et nous la garderons. Malheur à qui viendra y toucher.

Il nous semble entendre le concert de récriminations et d'injures, de malédictions et d'outrages, que cette déclaration aura provoqué dans plus d'un cénacle de royalistes. Quoi ! se sera-t-on écrié, vous voulez la République, et rien que la République ; vous la considérez comme établie, comme fondée, comme définitive ; vous n'admettez aucune transaction ; vous ne permettez pas même qu'elle puisse être mise en question? Et de quel droit voulez-vous imposer votre volonté à la France? La nation a-t-elle été consultée? Savez-vous ce qu'elle répondra? Pouvez-vous préjuger son verdict? De quel droit venez-vous nous imposer un gouvernement que nous réprouvons? Est-ce du droit du plus fort? Mais c'est le droit du sauvage, c'est le droit de la barbarie. Est-ce du droit du plus grand nombre? Mais qui vous dit que vous êtes la majorité? Et quel autre droit pouvez-vous invoquer en dehors du droit du nombre ou du droit de la force?

Il en est un autre cependant, bien supérieur à tous, autrement puissant que ceux dont vous parlez, qui les contient, les embrasse et les domine, qui est la loi des lois, le principe des principes, général, universel, de tous les temps, de tous les pays, qui illumine tous les esprits, qui échauffe tous les cœurs : c'est la justice, c'est le *droit*.

Voilà quel est notre appui, voilà quelle est notre force; et toutes vos clameurs iront se briser impuissantes contre ce rempart inexpugnable.

Mais, direz-vous, comment peut-on admettre que tant d'esprits en France et dans le monde se refusent à reconnaître la République, si elle doit assurer partout le règne de la justice et du droit? Ne voulons-nous pas tous la justice? Ne sommes-nous pas tous prêts à nous soumettre au droit?

Eh! non, précisément, vous ne voulez pas toujours du droit et de la justice. Comme tous les hommes, vous en avez le sentiment, vous en reconnaissez la légitimité; mais tant de causes vous en font méconnaître les applications! La société vous apparaît constituée sur des bases qui ne vous blessent pas, qui vous protégent même, qui vous garantissent vos jouissances, qui vous assurent vos priviléges. Vous trouvez tout cela fort bon, et la justice, pour vous, c'est la continuation indéfinie de cet état de choses.

Cet état social qui ne trouble jamais votre sommeil, qui vous permet d'ignorer ou d'oublier toutes les misères matérielles et morales, vous savez qu'il a été fondé par la monarchie, et qu'il s'est développé avec elle ; en outre, cette monarchie est ancienne ; et puis, dans toute l'Europe, presque partout, il y a des rois, des souverains, des maîtres. Cela s'est toujours fait; on vivait bien ainsi ; pourquoi vouloir tout changer ? D'ailleurs, nous ne connaissons guère tous ces nouveaux-venus, tous ces républicains ; ils n'étaient pas des nôtres ; nous n'avons pas confiance en eux ; s'ils allaient tout bouleverser ! Ne valait-il pas mieux s'en tenir à ce que nous avions ? ne faut-il pas y revenir bien vite ?

Ne sont-ce pas là les discours qu'on entend parmi vous ? Et nous ferez-vous croire que c'est le sentiment de la justice qui vous fait ainsi parler ?

Non, ce langage, qui est bien le vôtre, n'est inspiré par aucun noble mobile. Il est le triste produit de l'ignorance, de l'égoïsme et de la peur.

L'ignorance est aujourd'hui plus profonde que jamais dans les classes dites bourgeoises. Le nombre des élèves a pu s'accroître dans les écoles et dans les colléges ; mais le niveau intellectuel a considérablement baissé. Nous aurons à revenir sur les causes de cet affaiblissement des études, qui menace d'abâtardir notre race. Constatons seulement aujourd'hui que la philosophie est en discrédit, j'allais dire en interdit ; et que l'histoire officielle est celle des rois, et non celle des peuples ; celle des batailles, et non celle des institutions.

Quel fruit voulez-vous que retirent de jeunes intelligences d'une instruction étroite, mesquine, superficielle, qui se donnait pour mission de comprimer toutes leurs aspirations, tous leurs élans, tous leurs mouvements généreux? D'ailleurs, cette instruction puérile et ridicule suffisait à tout. On en savait toujours assez pour être préfet, pour être député, pour être conseiller général, pour remplir une fonction quelconque, ou pour faire rapidement fortune. Une présentation à qui de droit, une assurance de dévouement absolu, beaucoup de souplesse et de servilité, et le poste était emporté, et l'avancement venait, et les dignités pleuvaient. Où voulez-vous que les générations actuelles aient trouvé les moyens et le temps d'étudier les questions sociales et de comparer nos institutions à celles des autres peuples? C'était bon pour quelques rêveurs, pour quelques idéologues, pour les imbéciles qui ne savaient pas faire leur chemin, dans un temps où c'était si facile.

De l'ignorance des droits de l'humanité et des besoins des peuples, de cet entraînement général vers les jouissances matérielles, est née une plaie hideuse qui a pris les proportions d'un vrai fléau, d'une lèpre sociale : je veux parler de l'égoïsme. Dès qu'on a vu dans les hautes sphères l'impunité accordée à toutes les exactions, à toutes les dilapidations; dès que, dans toute l'échelle de la hiérarchie, chacun a pu tirer à soi gain et profit, s'autorisant des exemples des chefs; dès que l'argent et les vices prenaient la place du talent et de l'honneur, chacun s'est rué à la curée sans vergogne et sans pudeur; chacun a fait sa position, chacun s'est cantonné dans sa fortune acquise plus ou moins légitimement, et a pris l'habitude de se fermer les yeux et le cœur devant toutes les misères.

Ces dispositions ne sont pas celles qui prédisposent à faire bon accueil à la République. Mais il est dans la société un troisième mal qui dérive directement des deux premiers, et qui obscurcit entièrement le jugement, donne crédit à toutes les erreurs, ouvre la porte à toutes les injustices ; c'est la *peur*, la peur de la République, et la peur des républicains.

Cette peur peut se guérir comme toutes les peurs, en marchant droit sur le fantôme, en l'envisageant de sang-froid. Vous verrez qu'il s'évanouira, et que cet être fantastique prendra des formes, peut-être austères, mais encore aimables et nullement farouches.

Limoges, 23 novembre.

LES CRIMES DES RÉPUBLICAINS.

Nous revenons souvent sur la peur qu'inspire la République, non-seulement aux partis monarchiques, mais encore à la classe nombreuse des indifférents en matière politique. Cette peur est un des plus grands obstacles à l'établissement régulier et prochain de la République. Il importerait donc de la dissiper, non qu'elle nous inspire, pour le résultat définitif que nous poursuivons, la moindre inquiétude ; mais parce qu'elle peut entraver nos efforts, amener des résistances inconsidérées, et compromettre pour un temps la tranquillité publique.

Cette peur a une double cause. Nous ne considérons aujourd'hui que la première :

Les hommes à convictions hésitantes, ou ceux qui font profession de n'en pas avoir, s'épouvantent réellement de l'ardeur, de la passion, de l'effervescence dont ils voient animés les républicains. Ils craignent que ce beau feu n'allume des incendies ; que toute cette agitation n'enfante des désordres ; que la lutte pacifique ne dégénère en violences. Ils ont malheureusement quelques précédents qu'ils nous opposent sans cesse, et à leur avis victorieusement.

Voyez, nous disent-ils, les émeutes récentes de Paris, de Lyon et de Marseille, voyez les journées du 24 juin 1848 et du 15 mai 1849 ; voyez les massacres de septembre 92 et l'échafaud de 93.

Hélas ! nous ne le savons que trop qu'il y a des jours néfastes dans notre histoire, et que des républicains ou des hommes qui se disaient tels ont commis des fautes et des crimes. Nous le savons et nous en gémissons, non-seulement à cause du mal qu'ils ont commis immédiatement, mais plus encore à cause des armes que ces souvenirs, habilement ravivés, fournissent à nos adversaires.

Mais, sans chercher à affaiblir l'horreur qu'inspirent ces déplorables excès, ne nous est-il pas permis à notre tour de vous demander compte de quelques peccadilles impériales ou royales ? Les auto-da-fé de l'Inquisition, les massacres des Vaudois, le bûcher de Jean Huss, la Saint-Barthélemy, le supplice d'Urbain Grandier, les dragonnades des Cévennes ordonnées par le grand roi Louis XIV, le parc aux cerfs de Louis XV, la mort du duc d'Enghien, celle du maréchal Ney, la terreur blanche de 1815, l'assassinat de Brune, l'exécution des quatre sergents de la Rochelle, le 18 brumaire, le 2 décembre et tant d'autres crimes que nous oublions, et dont la longue liste est prise dans chaque page de l'histoire, les mettez-vous aussi au compte des républicains?

C'est une chose étrange, c'est un phénomène physiologique inexplicable, que toutes ces horreurs accumulées ne pèsent pas, pour nos adversaires, dans la balance de la justice, autant qu'un seul des méfaits des républicains, que le drame du 21 janvier, que la mort de Louis XVI, par exemple. L'explication de ce déni de justice, qui va se perpétuant de génération en génération, ne se trouverait-elle pas dans ce fait que les victimes de la royauté ne sont en général que de pauvres gens, des gens de peu, des gens de rien; tandis que les martyrs de la révolution étaient des nobles, étaient des prêtres, étaient des rois? Et voilà comment le principe d'égalité se trouve déjà méconnu par ceux qui n'en protestent pas moins de leur amour pour la justice.

Ah! vous avez peur des républicains parce qu'ils ont tué un roi et égorgé quelques prêtres? Ayez donc peur mille fois plus des rois qui immolent des millions d'hommes à leurs caprices et à leur ambition, qui poussent tour à tour l'Asie sur l'Europe, l'Europe sur l'Amérique, la France sur l'Allemagne et l'Allemagne sur la France; qui décident à trois ou quatre des destinées du monde, et ne se croiraient pas heureux s'ils n'avaient, au moins une fois dans leur vie, fait piaffer leurs chevaux dans le sang jusqu'au poitrail.

Non, les buveurs de sang ne sont pas les républicains, mais bien vos rois, vos princes, vos empereurs, vos potentats.

Si, descendant des hauteurs de la grande politique, nous considérons les hommes qui nous coudoient, au point de vue de leurs principes, nous trouvons encore des préventions injustes. L'homme mal vêtu est réputé moins honnête; l'homme pauvre passe pour vouloir dépouiller le riche. Ces assertions, prises dans leur généralité, sont des injustices et de pures calomnies; et, à nombre égal, nous estimons qu'il y a au moins autant de probité chez les pauvres que chez les riches; mais supposons qu'il en soit autrement et que, dans un coin de la France, on trouve un grand nombre de pauvres gens livrés à de mauvaises passions et capables d'attenter aux propriétés et aux personnes. Qu'est-ce que cela prouve contre la Républiqae, si ces gens-là arborent notre drapeau? Et êtes-vous bien sûrs que la société ne soit pas coupable de les avoir laissés tomber dans cet état de dégradation? Leur avez-vous donné à doses suffisantes l'instruction qui éclaire les esprits et moralise les âmes? Leur avez-vous donné, par vos rois et vos reines, par vos empereurs et vos impératrices, par vos ministres et vos sénateurs, par vos magistrats et vos fonctionnaires publics, l'exemple des vertus de famille, de la tempérance, du désintéressement, de l'économie, du travail, de l'intégrité et de la justice? Si vous ne l'avez pas fait, plaignez-les, mais ne vous plaignez pas; ce sont eux qui sont à plaindre et vous qui êtes coupables, vous qui donnez des blanc-seings à des maîtres tout puissants pour gorger les uns d'honneurs et de richesses, et pour démoraliser les autres par le spectacle de leurs orgies et de leurs turpitudes.

Ces malheureux déshérités, qu'aucun gouvernement monarchique n'a su retirer de leur abaissement, la République les adoptera, en ce sens qu'elle ouvrira à eux et à leurs enfants des écoles nombreuses où ils apprendront, avec les éléments de l'instruction, les principes de la morale et de la justice, et ils deviendront de bons citoyens, soumis aux lois, à la confection desquelles ils auront contribué par leurs représentants.

En attendant, sont-ils bien dangereux? Et qui pourra faire croire que quelques malfaiteurs puissent imposer leur volonté dans une localité quelconque, surtout aujourd'hui que partout la garde nationale est chargée de veiller à la tranquillité publique?

N'ayez donc nulle peur de ces féroces républicains. Si vous saviez combien souvent sont doux et pacifiques ceux qui vous causent tant d'alarmes, combien sont dignes de respect ceux que vous prenez pour des monstres, vous auriez honte de vos terreurs, honte de vos jugements téméraires et injustes, et vous pardonneriez à vos ennemis d'hier, qui seraient peut-être vos amis de demain.

Limoges, 26 novembre.

LA CONSPIRATION MONARCHIQUE.

Tous les esprits sont tendus aujourd'hui vers la lutte qui va s'engager entre Orléans et Paris; tous les cœurs sont serrés par l'émotion; chacun écoute s'il n'entendra pas gronder le canon, et sonner la première heure de la délivrance. Toute autre préoccupation s'efface devant l'attente des grands événements qui se préparent, et qui peut-être s'accomplissent à l'heure présente. A peine si l'attention générale se détourne un instant vers l'Orient, d'où peuvent surgir cependant des complications qui embraseraient l'Europe.

Aucune autre question ne s'impose à nos méditations ni à nos discussions. Les élections générales pour la Constituante sont ajournées indéfiniment, d'un consentement à peu près unanime ; le Gouvernement provisoire, profitant d'une situation extraordinairement exceptionnelle, use d'une dictature non contestée, et qui, au point de vue de la défense nationale, n'a produit jusqu'ici que d'excellents fruits. Nous espérons que, dans un avenir prochain, un brillant retour de fortune légitimera aux yeux des plus rigoristes cette concentration momentanée de tous les pouvoirs entre les mains de quelques hommes ou même d'un seul.

S'il est une situation historique où la dictature ait sa raison d'être, c'est assurément celle où nous nous trouvons ; mais nous déplorons, au moins autant que les royalistes, d'avoir été placés, par la force des choses, dans cette situation anormale.

Au moins, faut-il songer au jour où nous devrons sortir de ce provisoire, et établir sur des bases solides et légitimes un gouvernement régulier. Il n'est donc jamais hors de propos, même au bruit des batailles, de songer à notre avenir politique, et aux conditions d'existence de la République.

Nous croyons, quant à nous, que la République est fondée, et que rien ne pourra la détruire et la renverser. Mais il nous importerait beaucoup qu'elle s'établît normalement et sans secousse, et que la France ne fût pas obligée de traverser de nouvelles crises sanglantes, de subir de nouveaux coups d'État, et de ne devoir son salut qu'à l'excès de nos maux.

Or, pourquoi le dissimuler ? Nous avons aujourd'hui des motifs sérieux de craindre des complications intérieures redoutables. Nous avons déjà jeté le cri d'alarme, et nous ne cesserons de veiller et d'avertir nos gouvernants et nos administrateurs. Ils font fausse route.

La République, acclamée par les uns comme ouvrant une ère nouvelle, a été subie par d'autres avec regrets et douleur ; le plus grand nombre ignoraient ce que pouvait être une République et, en attendant, commençaient par en avoir peur.

Il était facile de dissiper cette peur, qui ne reposait que sur de vieux souvenirs confus, et sur des calomnies récentes, habilement propagées. Les décrets du Gouvernement, les arrêtés de l'administration, les proclamations, les circulaires, le choix des nouveaux fonctionnaires, devaient en peu de jours rassurer les intérêts alarmés, et indiquer la voie modérée que la République allait suivre. La tâche du journalisme était alors facile, et nous pouvions nous attacher à faire comprendre et à faire aimer ce nouveau gouvernement, qui venait supprimer les abus, réparer les fautes du régime précédent et rendre justice à tous.

Aujourd'hui, notre mission est tout autre. Nous avons à défendre le principe même de la République, non-seulement contre les attaques intéressées de nos ennemis naturels, contre les hommes des anciens partis, mécontents et retirés sous leurs tentes, mais encore et surtout contre ceux qui devraient en être les plus fermes soutiens, contre les administrateurs et les fonctionnaires publics. De la conciliation, tant qu'on voudra, de la modération, toujours ; mais du suicide, jamais.

Or, la République est en train de se suicider. Non-seulement les anciens fonctionnaires de l'empire gardent leurs places, mais s'il en est parfois de vacantes, elles sont encore pour les serviteurs des anciens régimes. Chaque jour, nous recevons de nouveaux renseignements, chaque jour, de nouvelles plaintes; ici, c'est un maire, là, un juge de paix; ailleurs, un sous-préfet, dont les opinions royalistes ou impérialistes étaient notoires avant le 4 septembre dernier. Croyez-vous sérieusement qu'ils aient sitôt et si radicalement changé? Croyez-vous surtout qu'ils ne changeraient pas encore plus vite, en faveur d'un autre gouvernement? Il faudrait pour en douter, méconnaître absolument la nature humaine, et oublier tous les enseignements de notre histoire.

Non, croyez-nous; une vaste conspiration monarchique nous menace comme en 1848. Elle pénètre et s'insinue partout; elle nous enveloppe de toutes parts dans un vaste réseau, dont les mailles sont déjà bien serrées, et dans lesquelles nos administrateurs seront pris eux-mêmes, dès qu'ils chercheront à les dénouer; car il est déjà bien tard.

Nous savons que, de toutes parts, vont pleuvoir sur nous des récriminations; nous serons des alarmistes, des pessimistes; quelques-uns de nos amis mêmes ne nous épargneront pas, parce qu'ils sont déjà pris au piége, et qu'ils n'entendent que la voix des flatteurs et des satisfaits. Mais, mieux placés que qui que ce soit pour connaître la vérité, car notre Société de la *Défense républicaine* a ses racines dans le cœur même de la démocratie limousine, nous n'hésitons pas à crier à nos administrateurs : vous vous trompez, et la République perd du terrain tous les jours.

Or, sachez qu'il faudra qu'elle le reprenne ce terrain, parce que le gouvernement de tous ne peut céder le pas au gouvernement de quelques-uns, au règne du bon plaisir et du favoritisme ; et si vous ne prenez pas en main cette tâche, elle reviendra à d'autres, n'en doutez pas.

Limoges, 27 novembre.

L'IGNORANCE, L'ÉGOÏSME ET LA PEUR.

Dans un de nos derniers articles, nous avons cherché les raisons qui peuvent éloigner de la République tant de gens de toute condition qui devraient l'acclamer avec empressement. Nous en avons trouvé trois : l'ignorance, l'égoïsme et la peur.

L'ignorance atteint dans notre département des proportions effrayantes et voisines de la barbarie ; soixante-dix personnes sur cent ne savent ni lire ni écrire. Pour les trois quarts de la population, un livre est un meuble inutile et même inconnu ; un journal ne peut servir qu'à plier du beurre ou du fromage, et on regarde dans nos campagnes avec une curiosité admiratrice et béate celui qui peut épeler dans un journal les nouvelles de la guerre. Comment nos braves paysans pourraient-ils savoir ce que signifie le mot de République, surtout lorsqu'on leur a prêché pendant vingt ans que les républicains sont des gueux, des brigands, des partageux, et que rien, absolument rien, n'a été fait depuis le 4 septembre pour détruire dans leur esprit ces funestes erreurs ?

L'ignorance dans les bourgs et dans les villes n'a pas le même caractère d'abrutissement, mais elle est encore si incomplète, si superficielle, si peu mâle et forte, que trop souvent on ne cherche dans les livres que les aventures romanesques ou grivoises, et dans les journaux que les accidents, les faits divers et les débats de Cours d'assises.

Pendant que les pères étaient invités à pousser au scrutin les populations ahuries pour obtenir des millions de suffrages ou des députés dévoués, les fils apprenaient dans les colléges les innomblables bienfaits de l'empire, de ce régime réparateur qui avait sauvé l'ordre, la famille et la propriété. Comment voulez-vous que ces jeunes générations s'habituent à croire en deux mois que l'ordre, la famille et la propriété ne courent aucun risque, dès que nous n'avons plus pour les protéger le conspirateur de Strasbourg, de Boulogne et de Paris, l'amant éhonté des danseuses de l'Opéra, et le spoliateur des biens de la famille d'Orléans.

L'égoïsme, de son côté, éloigne aussi de la République beaucoup de gens bien assis, bien posés, et qui trouvent naturellement que tout va bien dans une société où ils ont leur place faite.

Que m'importe la liberté de la presse? dit un bon bourgeois au coin de son feu. Je ne serai jamais pris de la manie d'écrire, et les journaux du gouvernement me donneront toujours le cours de la rente et le prix des cotons ou des huiles.

A quoi est bonne la liberté de réunion? Je ne sors jamais de chez moi le soir, et ceux qui nous gouvernent savent bien ce qu'ils ont à faire, sans que j'aille leur donner des conseils.

Que me parle-t-on de la liberté d'association? Avec

de bons capitaux, on peut très bien faire sa fortune tout seul. Je l'ai bien faite, moi. Que les autres en fassent autant.

Que me veut-on avec la liberté de l'enseignement et la liberté des cultes? Est-ce que nous n'avons pas des écoles, un lycée et des églises? Chacun ne peut-il pas envoyer son fils au collége et sa fille à la messe? Je ne sais pas trop ce que fait-là-bas mon fils; mais il en saura toujours bien assez pour vendre du calicot ou fabriquer de la porcelaine? Quant à ma fille, elle va à la messe, parce qu'il faut qu'elle y aille. C'est l'affaire des femmes. Nous autres hommes, c'est différent. Mais enfin personne ne m'empêche d'y aller, si je veux. Nous avons donc la liberté des cultes et la liberté de l'enseignement.

Ainsi raisonnent beaucoup de gens qui croient posséder toutes les libertés lorsqu'ils sont les esclaves les plus inconscients de l'usage et de la mode, de la routine et des préjugés; et qui ont une admiration perpétuelle pour toute combinaison politique, pour tout état social qui leur assure, à eux, toutes les jouissances et tous les priviléges.

Enfin, nous citions la peur comme un troisième obstacle à l'acceptation générale de la République. Quelques esprits faibles et pusillanimes préfèrent, en effet, le calme qui endort et paralyse, à l'agitation, au mouvement qui excite et vivifie. Pour eux, tout changement est un malheur, toute révolution une calamité; la stabilité, l'immobilité sont les garanties suprêmes de l'ordre.

Faut-il s'étonner que le nom seul de République leur inspire de folles terreurs? Or, ces terreurs, ils les communiquent autour d'eux, et la contagion pénétrant peu à peu toutes les couches de la population, la République apparaît à des milliers de gens, d'ailleurs intelligents, comme le règne du désordre et de l'anarchie. Ce sentiment une fois fixé dans les esprits, le moindre acte isolé de violence, le moindre conflit entre administrateurs et administrés, la moindre note dissonnante dans le concert unanime des volontés et des aspirations, tout est prétexte à récriminations, à plaintes, à cris d'effroi et de terreur. Un malheureux essaie-t-il d'attenter à la vie d'Alphonse Gent ? Voyez, s'écrie-t-on, ces républicains ; avions-nous tort de vous dire que ce sont des assassins ? Lyon, Marseille, Paris nous donnent-ils le triste exemple de ces agitations passagères, inséparables d'une situation exceptionnelle, d'un grand bouleversement politique et social ? Voyez, s'écrie-t-on encore, ces républicains ne sont jamais contents ; ils ont la République qu'ils demandaient, et ils s'insurgent contre elle. Que veulent-ils encore ? Évidemment, le pillage et l'échafaud. Et ces calomnies vont leur train, et elles vont grossissant de jour en jour, et bientôt elles ne laissent plus place à la moindre réflexion, au moindre sentiment de justice. On ne veut plus entendre parler d'un républicain. S'il écrit, on ne le lit pas ; s'il parle, on ne l'écoute pas ; s'il parvient à se faire entendre, on ne veut pas le comprendre ; on dénature sa pensée. Il n'est pas jugé pour ce qu'il est, ni pour ce qu'il pense ; il est condamné pour l'étiquette qu'il porte, pour le parti qu'il est censé représenter, pour les idées qu'on lui prête, pour celles qu'il n'a jamais eues et qu'il n'aura jamais.

Décidément, la peur est une mauvaise conseillère.

Il y a bien aussi une autre sorte de frayeur que ces affreux républicains inspirent aux honnêtes gens. Non-seulement nous prêchons le pillage à nos affiliés ;

non-seulement nous voulons la mort de tous les aristocrates ; mais nous voulons introduire des réformes dans la société ; et comme ces réformes qu'on ne prend pas la peine d'étudier, ni même d'envisager de sang-froid, ne peuvent amener que le chaos et la ruine universelle, nous sommes pour ce deuxième chef des réprouvés maudits. Quoi ! on voudrait toucher à la magistrature, à l'organisation de l'armée et au remplacement militaire, à la constitution civile du clergé, aux congrégations religieuses, à l'assiette de l'impôt ! Ces républicains sont donc fous, et rien n'est donc sacré pour eux !

Voilà ce qu'on disait, dans bien des familles, il n'y a pas encore un mois. Mais aujourd'hui, heureusement, tout est bien changé. Les méchants peuvent commencer à trembler, et les bons à se rassurer. La place a été investie par les monarchistes ; ils y ont, grâce à Dieu, des intelligences. Les beaux noms commencent à reparaître. Les Polignac sont généraux, et les La Guéronnière s'engagent dans les officiers ; les magistrats qui condamnaient les républicains au bagne sont encore sur leurs siéges ; les maires, les juges de paix, les fonctionnaires publics, se gardent de s'encanailler avec les républicains. La patrie est sauvée, et, vive le roi !

Limoges, 28 novembre.

LES DEUX RÉPUBLIQUES.

Il y a une infinité de manières de considérer la République; car de même qu'il y a fagots et fagots, suivant Sganarelle, il y a aussi République et République.

Si nous parcourons l'histoire ancienne et l'histoire moderne, nous trouvons la République d'Athènes et la République de Sparte; la République de Rome et la République de Carthage; la République de Venise et la République de Gênes; la République Batave et la République Parthénopéenne; la République de la Suisse, la République de Saint-Martin, la République d'Andorre; puis la grande République des États-Unis d'Amérique, la République du Mexique, la République d'Haïti, la République de Saint-Domingue, la République de l'Equateur, la République du Pérou, la République du Chili, la République de l'Uruguay, la République du Paraguay, la République Argentine ou de la Plata, et au moins une douzaine d'autres dont les noms sont à peine connus. Qui se doute dans nos campagnes qu'il y ait eu et qu'il y ait encore dans le monde un si grand nombre de Républiques!

Ce n'est pas tout. Dans un même pays, en France par exemple, il peut y avoir bien des Républiques différentes : la République de 92, la République de 48 et la République de 70; la République de Vergniaud, la République de Danton, la République de Marat, la République d'Hébert, la République de Robespierre, la République de Tallien, la République de Sieyès, la République de Hoche et de Marceau, la République de Bonaparte, la République de Lamartine, la République de Ledru-Rollin, la République de Blanqui, la République de Barbès, la République de Cavaignac, la République du prince président, la République de Jules Favre, la République de Flourens, la République de Fourichon et la République de Gambetta.

Eh bien ! toutes ces Républiques passées et présentes peuvent se ranger dans deux catégories : la République bonne et la République mauvaise ; la République blanche et la République rouge ; la République des royalistes et la République des républicains.

La distinction entre ces deux Républiques est très facile à faire. Dans un pays quelconque, le gouvernement de droit divin, le gouvernement des 200 mille électeurs, ou le gouvernement des 7 millions de suffrages vient-il à tomber sous le mépris public ou devant les colères populaires, vous changez l'étiquette, vous ornez toutes vos proclamations du titre de République, tous vos monuments de la devise : Liberté, Égalité, Fraternité ; vous changez les préfets, ceux-ci changent quelques maires, et vous continuez à marcher comme auparavant. Voilà la *bonne République*.

Si au contraire, vous prétendez que les fonctionnaires qui, à un degré quelconque, ont patronné l'Empire, le plébiscite et les candidatures officielles, devraient avoir la pudeur de donner leurs démissions et de rentrer dans la vie privée ; si vous déclarez qu'on ne peut compter, qu'on ne doit pas compter, par respect pour eux-mêmes, sur leur dévouement à un ordre de choses nouveau, et qu'après avoir attendu inutilement leur retraite volontaire, on sera obligé de leur donner des successeurs; si vous exprimez, même timidement, la crainte que tous ces fonctionnaires, laissés à leurs postes par la naïve bénignité du gouvernement et de l'administration, ne profitent, comme en 1848, de la première bonne occasion qui se présentera de revenir à leurs premières amours; si vous pensez, enfin, que jusqu'au jour où l'on supprimera la moitié au moins des fonctions inutiles qui surchargent le budget, il est élémentaire que toutes les fonctions publiques, sous une République, doivent être remplies par des républicains, au risque de faire quelques mauvais choix, sur lesquels il est d'ailleurs facile de revenir; si vous êtes assez aveugle pour croire à l'existence de prétendus abus; si vous n'admirez pas l'intégrité de notre magistrature, l'indépendance de notre clergé, la profondeur et la haute moralité de notre enseignement universitaire ou congréganiste, la perfection de notre système de recrutement, mitigé par le remplacement à prix d'argent, l'admirable répartition des impôts et les bienfaits de la centralisation, vous êtes un méchant citoyen, et vous faites de la *mauvaise République*.

Limoges, 29 *novembre*.

LA RÉPUBLIQUE ET LES PARTIS POLITIQUES.

Beaucoup de nos lecteurs auront été tentés de nous demander malignement quelle est celle de toutes les Républiques, complaisamment énumérées dans notre article d'hier, qui a le don de nous agréer, et qui est à notre sens, la *bonne République*. Nos adversaires seront heureux de nous voir faire un choix; ils nous attendent à cette épreuve; ils font déjà des gorges chaudes de notre embarras et de notre perplexité. Nous saurons enfin, disent-ils, quelle République demande la *Défense républicaine*, ou au moins le rédacteur en chef; et si, dans tout cet étalage, il n'en trouve pas une selon son cœur, il voudra bien en fabriquer dans son cerveau une centième, et nous faire valoir sa marchandise.

Hélas! cette demande là, si elle est faite sérieusement et consciencieusement par nos adversaires, prouve une chose : c'est que l'idée même de la République n'est jamais entrée dans leur esprit. On s'habitue à dire la République, comme on dit l'empire ou la monarchie constitutionnelle; on dit un Républicain, comme on dit un orléaniste ou un légitimiste. On va disant qu'il y a quatre grands partis politiques en France; la République est un de ces partis; les uns lui donnent la première place, les autres la dernière; quelques-uns la placent au milieu. Tout cela dépend des goûts, de la mode, du courant général, des chances de succès ou de ruine de tel ou tel parti, ou encore des premières impressions de la jeunesse, des lectures de l'âge mûr, des sociétés que l'on a fréquentées, du degré d'ambition dont on est animé, des amis et des relations que l'on a d'un côté ou de l'autre; mais nullement d'une conviction raisonnée, s'appuyant sur de solides principes.

On croit généralement que les républicains agissent de même, qu'ils deviennent tels par l'effet du hasard, le plus souvent par tempérament. Ce sont des gens naturellement frondeurs, jaloux, envieux, ambitieux, toujours contents d'eux-mêmes et mécontents des autres, se croyant et se disant des hommes incompris et méconnus, surtout sans *moralité* et sans *principes*.

N'est-ce pas là un peu le portrait que vous avez entendu faire bien souvent de ces brouillons de républicains ?

Ce qui donne prise à ces injustes préventions et à ces attaques irréfléchies, c'est la variété des vues, c'est la multiplicité des désirs, c'est la contradiction des actes que l'on rencontre chez ceux qui se disent et qui sont républicains. — Ils ne sont pas même d'accord, dit-on triomphalement ; commencez par savoir ce que vous voulez, ajoute-t-on ironiquement. On vous écoutera après. Nous, nous savons au moins ce que nous voulons.

Nous voulons, disent les uns, un roi descendu du ciel, créé tout exprès par la toute-puissance divine, dans sa bonté infinie, pour la gloire et le bonheur du genre humain et de la France. Nous connaissons la race qui porte le sceau sacré de la Providence, et nous voulons lui rester fidèles, comme nous sommes fidèles à Dieu lui-même en observant les pratiques commandées par sa sainte Église catholique, apostolique et romaine, et en croyant à tous les dogmes nouveaux qu'il lui plaît et lui plaira de proclamer ou de définir.

Pour nous, dit un second chœur, nous savons aussi ce que nous voulons : nous voulons l'*ordre*, la tranquillité avant tout et par-dessus tout ; or, l'ordre ne peut exister qu'avec un pouvoir fort, débarrassé de tout contrôle minutieux et gênant ; et cette garantie ne se trouve que dans le pouvoir personnel, dans le pouvoir absolu. Voilà pourquoi nous voulons l'empire, avec beaucoup de soldats, beaucoup de commissaires de police et beaucoup de sergents de ville.

Non, dit un troisième groupe ; vous êtes dans l'erreur des deux côtés ; vous poussez tout à l'extrême ; vous exagérez d'excellents principes. Sans doute, il faut de l'*ordre;* incontestablement il faut de la *religion*, surtout pour le peuple ; mais nous pouvons avoir de l'ordre sans un pouvoir absolu, et la religion n'aura rien à souffrir si la tige principale et un peu desséchée de l'arbre royal est remplacée par une pousse nouvelle, plus verte et plus vigoureuse. Notez que ce sera toujours le même arbre, dit-on aux uns ; remarquez bien que c'est un arbre nouveau, dit-on aux autres. Nous aurons d'ailleurs une Assemblée pour surveiller notre roi ; nous en aurons même deux, au besoin. L'une qui sera nommée *par nous*, grands propriétaires, capitalistes, riches industriels ; l'autre dont les membres ne pourront être pris que *parmi nous*. Nous serons donc les maîtres de la position et nous nous défendrons ensemble contre ces républicains, ces réformateurs insatiables, ces perturbateurs de l'ordre social.

Voilà ce qu'on appelle des partis politiques, c'est-à-dire des groupes d'hommes se coalisant pour se garantir mutuellement leurs priviléges, qu'ils appellent leurs droits ; pour faire triompher leurs opinions personnelles, qu'ils appellent des vérités et des principes ; pour établir leur domination et arrêter la marche de l'humanité.

La République, au contraire, est le gouvernement de tous, par tous et pour tous. Elle ne reconnaît ni castes, ni classes, ni priviléges d'aucune sorte ; elle réclame, elle exige impérieusement la liberté complète de réunion, d'association, de presse, d'enseignement, de cultes, etc. ; mais la liberté vraie, absolue, totale, illimitée, chacun ayant le droit de faire, mais n'ayant que le droit de faire ce qui ne nuit pas à la liberté d'autrui.

La République veut l'égalité de droits pour tous ; elle veut relever la dignité morale de l'homme ; elle veut protéger les petits, les faibles et les ignorants ; elle veut arrêter les abus, les scandales et les injustices des grands ; c'est l'application de la morale universelle ou chrétienne, c'est la mise en pratique des principes de l'Évangile.

Est-ce là un parti politique ? Où voyez-vous que nous voulions faire prévaloir des idées personnelles ? Pour quel homme ou pour quels hommes plaidons-nous ? Et vous vous étonnez ensuite de la divergence de nos opinions, de la multiplicité de nos écoles, de la variété de nos moyens, de nos luttes intestines, de nos fautes, de nos erreurs ! Vous en tirez parti contre nous, sans songer que tout ce mouvement, toute cette agitation, tous ces conflits d'idées et de personnes, toutes ces discussions, toutes ces contradictions, sont l'accompagnement obligé et fatal de l'enfantement laborieux d'un grand œuvre !

Étudiez les premiers siècles de l'ère chrétienne, et vous serez frappés d'étonnement devant ces luttes aussi longues que violentes, soulevées non-seulement entre les chrétiens et leurs ennemis, mais encore et surtout entre les chrétiens eux-mêmes. Leurs sectes furent plus nombreuses que celles du socialisme d'aujourd'hui ; leurs anathèmes réciproques et leurs cris de mort étaient plus terribles, plus redoutables, et agitaient autrement le monde que ne le feront jamais les théories de Proudhon et de Fourier, les impatiences de Flourens ou les séditions de Paris et de Marseille.

Cessez donc de nous reprocher d'être divisés, car cette division est le principe même de la République ; chaque homme ayant le droit de manifester sa pensée et de la soumettre au contrôle de ses concitoyens, il doit surgir une infinité d'idées très discordantes, mêlées de vrai et de faux dans des proportions très variées ; mais laissez toutes ces idées s'élaborer au creuset de l'opinion publique ; laissez-les s'étaler complaisamment, se propager à l'aise, se heurter, se croiser, se combattre, se soutenir mutuellement, se détruire l'une l'autre, et peu à peu, chaque jour, vous verrez sortir de ce chaos et surnager sur cette mer agitée quelqu'une des idées justes, vraies, utiles qui formeront un jour le fonds commun et comme le patrimoine de la société française régénérée.

Limoges, 2 décembre 1870.

ANNIVERSAIRE DU 2 DÉCEMBRE 1851

La Révolution de Février trouva en Angleterre le héros de Strasbourg et de Boulogne qui s'était évadé de Ham. Il accourut à Paris, et écrivit au gouvernement provisoire une lettre dans laquelle on lit :

« J'arrive de l'exil pour *me ranger sous le drapeau de la République. Sans autre ambition* que celle de *servir mon pays,* je viens annoncer mon arrivée aux membres du Gouvernement provisoire, et *les assurer de mon dévouement à la cause qu'ils représentent,* comme de *ma sympathie pour leurs personnes.* »

On sait que Louis Blanc et Ledru-Rollin faisaient partie du Gouvernement provisoire.

Louis-Napoléon fut invité à quitter la France jusqu'à ce que l'Assemblée nationale eût décidé du sort des anciennes familles régnantes. Il ne tarda pas à écrire de Londres pour protester contre son exclusion possible du sol de la France :

« En présence d'un roi élu par deux cents députés, je pouvais me rappeler être l'héritier d'un empire fondé sur l'assentiment de quatre millions de Français ; en présence de la souveraineté nationale, *je ne peux ni ne veux* revendiquer que *mes droits de citoyen français.* »

Les lois d'exil contre la famille Bonaparte furent abrogées ; Louis-Napoléon fut élu membre de l'Assemblée constituante, et dès les premiers jours il prononça le discours suivant :

« Citoyens représentants, il ne m'est pas permis de garder le silence après *les calomnies dont j'ai été l'objet.* J'ai besoin d'exprimer ici hautement les *vrais sentiments* qui m'animent et qui m'ont toujours animé. Après trente-trois années de proscription et d'exil, je retrouve enfin ma patrie et tous mes droits de citoyen ! La République m'a fait ce bonheur ; *que la République reçoive mon serment de dévouement.....* Ma conduite, *toujours inspirée par le devoir*, *toujours animée par le respect de la loi*, prouvera à l'encontre *des passions* qui ont *essayé de me noircir* pour me proscrire encore, que *nul ici plus que moi* n'est résolu à *se dévouer* à la défense de l'ordre et à l'affranchissement de la République. »

Deux mois après, Louis-Napoléon était le candidat du « parti de l'ordre » à la présidence de la République, et on put lire dans son manifeste électoral :

« Il ne faut pas qu'il y ait d'équivoque entre vous

et moi. *Je ne suis pas un ambitieux* qui rêve tantôt *l'empire et la guerre*, tantôt l'application de théories subversives. Élevé dans *les pays libres* à l'école du malheur, je resterai toujours *fidèle aux devoirs* que m'imposeront vos suffrages et les volontés de l'Assemblée.

» Si j'étais nommé président, je me dévouerais tout entier, *sans arrière-pensée*, à *l'affranchissement d'une République* sage par ses lois... Je mettrais *mon honheur* à laisser, au bout de quatre ans, à mon successeur, le pouvoir affermi, *la liberté intacte*, un progrès réel accompli. »

Louis-Napoléon fut élu président de la République ; appelé à lui prêter serment, dans la mémorable séance du 20 décembre 1848, il entendit la lecture de la formule, ainsi conçue :

« *En présence de Dieu* et devant le peuple français, représenté par l'Assemblée nationale, je jure de rester *fidèle à la République démocratique*, une et indivisible, et de remplir *tous les devoirs* que *m'impose la Constitution.* »

Puis il leva la main et dit : JE LE JURE.

Il demanda ensuite la parole :

« Les suffrages de la nation, dit-il, et le serment que je viens de prêter, commandent ma conduite future. *Mon devoir est tracé*, je le remplirai *en homme d'honneur*.

» Je verrai des *ennemis de la patrie* dans tous ceux qui *tenteraient de changer*, par des *voies illégales*, ce que la France entière a établi..... »

Malgré ces protestations, le langage des journaux élyséens, les excès de zèle des partisans du président, et surtout les discours qu'il prononça dans le cours d'un voyage fameux à travers la France, excitaient et entretenaient un vif sentiment de méfiance. Il se hâta de le dissiper dans le message présidentiel du 12 novembre 1850.

« J'ai souvent déclaré que je considérais comme *de grands coupables* ceux qui, par *ambition personnelle*, compromettraient le peu de stabilité que nous garantit la Constitution. C'est ma *conviction profonde;* elle n'a *jamais été ébranlée*. Les *ennemis seuls de la tranquillité publique* ont pu *dénaturer* les plus simples démarches qui naissent de ma position.

» La règle *invariable* de ma vie politique sera, *dans toutes les circonstances*, de faire *mon devoir*, *rien que mon devoir*.

» Il est aujourd'hui permis à tout le monde, excepté à moi, de vouloir hâter la révision de notre loi fondamentale, Si la Constitution renferme des vices et des dangers, vous êtes tous libres de les faire ressortir aux yeux du pays. MOI SEUL, LIÉ PAR MON SERMENT, je me renferme dans les strictes limites qu'elle a tracées... »

Les méfiances de la majorité de l'Assemblée s'étant réveillées à la destitution du général Changarnier, comme commandant en chef de l'armée de Paris, un grand débat s'éleva au sein de l'Assemblée, et M. Thiers prononça le fameux mot : *l'Empire est fait.*

M. Baroche, alors ministre du président de la République, protesta avec une énergie indignée contre tout soupçon d'aspiration au rétablisement de l'empire : « Le président, dit-il, a pris l'*engagement d'honneur* de maintenir la République ; il le tiendra, et l'Assemblée peut être assurée qu'elle n'a pas besoin d'autre garantie que *cette affirmation.* »

Le 4 novembre 1851, le président de la République renouvela dans son message, les promesses de fidélité à la Constitution, si fermes, si chaleureuses qu'il avait faites l'année précédente, dans la même circonstance.

Or, vingt-huit jours après, éclata ce guet-apens infâme, qui commencé dans les ombres de la nuit par l'arrestation des généraux et des représentants, se continua les jours suivants par les monstrueuses fusillades de promeneurs, de femmes et d'enfants sur le boulevard des Italiens, par l'exécution sommaire de tous les défenseurs de la Constitution, soupçonnés d'avoir fait leur devoir, par la proscription, l'exil, la déportation, la condamnation de quarante mille républicains, coupables d'avoir obéi aux lois.

Ce n'est pas tout ; avant d'inaugurer ce régime d'abêtissement, de corruption, de scandales, de dilapidations, d'hypocrisie et de lâcheté qui trouva pour complices et pour bénéficiaires les Morny, les Persigny, les Fleury, les Saint-Arnaud, les Maupas, les Magnan, les Piétri, les Espinasse, les Vieyra, les Baroche, les Haussmann, les Rouher, les Devienne, les Delesvaux, et tant d'autres, aujourd'hui morts ou en fuite ; il fallait outrager, flétrir, calomnier et assassiner les républicains pour inspirer une salutaire terreur.

Les préfets lancèrent des proclamations perfidement mensongères, destinées à égarer l'opinion publique, et à rallier au nouveau dictateur tous les intérêts alarmés.

La population du Limousin a peut-être oublié celle de son préfet de Mentque, qui alla recevoir au Sénat la récompense due à son dévouement.

La voici :

RÉPUBLIQUE FRANÇAISE

LIBERTÉ. — ÉGALITÉ. — FRATERNITÉ.

PROCLAMATION

LE PRÉFET, AUX HABITANTS DE LA HAUTE-VIENNE.

La lumière s'est faite pour tout le monde : bien aveugle celui qui ne verrait pas de quels effroyables malheurs la France, l'Europe peut-être, étaient menacées, si la démagogie, organisée depuis longtemps et déchaînée à un moment prévu, avait pu se soulever tout entière à son heure, sur tous les points du territoire à la fois, et si elle n'avait été d'avance paralysée par la courageuse initiative de LOUIS-NAPOLÉON.

HABITANTS DE LA HAUTE-VIENNE,

Je ne vous demanderai pas quels sont les sentiments qui vous animent en lisant d'épouvantables récits qui rappellent les horreurs de 93, de cette ère sanglante qui eût été dépassée si Dieu n'eût protégé notre patrie.

A Mirande, la lutte a été sanglante. Le sous-préfet a été atteint d'une balle.

Dans la Côte-d'Or, M. Arthur Marey-Monge a été assassiné dans une rue de Nuits.

A Cabestang (Hérault), des énergumènes, avides de sang et de pillage, se sont portés chez des légitimistes, et les ont assassinés dans leurs maisons.

A Clamecy, plusieurs personnes ont été tuées, beaucoup

d'autres blessées; les factieux ont sonné le toscin, et sont restés maîtres de la ville. Des gens de la campagne, dont on évalue le nombre à 5 ou 6,000 se sont rués sur la ville. Ils ont arboré le drapeau rouge et fait entendre le cri de : Vive Barbès! à la guillotine les aristos! Ils ont mis en liberté *les détenus de la prison*. La sous-préfecture a été pillée et saccagée : trois gendarmes ont été massacrés, et les insurgés *délibéraient entre eux s'il ne fallait pas torturer leurs victimes avant de les tuer*.

A Béziers, les démagogues *ont égorgé plusieurs des principaux propriétaires de cette ville*.

A Bédarieux (Hérault) ont eu lieu des faits d'une atrocité inouïe :

Attaqués par une populace en délire, les gendarmes s'étaient retranchés dans leur caserne. Pendant deux heures, ils ont soutenu avec un courage admirable un véritable assaut. En voyant leurs efforts repoussés, les insurgés ont eu recours à un moyen infernal : ils ont mis le feu à la caserne, *où ils ont brûlé les gendarmes avec leurs femmes et leurs enfants*.

Vos cœurs se soulèvent d'indignation au récit de ces scènes de cannibales, qui, grâce à Dieu, sont restées isolées et que la justice va éclairer de son flambeau et frapper de son glaive. Mais qui peut dire qu'elles ne se fussent pas horriblement multipliées si la démagogie n'eût été prise et vaincue à l'improviste?

Il n'est plus un homme de bonne foi, à quelque nuance qu'il ait appartenu dans le parti de l'ordre, qui ne reconnaisse que Louis-Napoléon a été l'homme de la Providence et qu'il a sauvé le pays.

Chers concitoyens, la Garde nationale de Limoges, l'Armée, la Gendarmerie, tout le monde a fait son devoir. Les populations sont restées calmes, et la démagogie a été contenue. De toutes parts les meilleures dispositions se manifestent dans le pays.

Félicitons-nous de ce que le sang n'a pas coulé parmi nous,

et rallions-nous pleins d'amour et de reconnaissance autour de LOUIS-NAPOLÉON, auquel la France va devoir une nouvelle ère de grandeur et de prospérité.

Le 10 décembre 1851.

Le Préfet de la Haute-Vienne,
E. DE MENTQUE.

Limoges. — Imprimerie de Chapouland frères.

Est-il nécessaire de vous rappeler que presque tous les faits énoncés dans cette proclamation sont *matériellement faux*, comme on peut s'en assurer en lisant les deux livres de Ténot sur le coup d'État, et que tous ces prétendus assassinats, à l'exception de deux ou trois dans toute la France, qui furent énergiquement réprouvés par les chefs de l'insurrection constitutionnelle, ne furent que les tristes mais inévitables résultats d'une lutte loyale, provoquée d'ailleurs par une résistance criminelle des autorités.

La France, depuis cette époque, livrée à une nuée de vampires, était tombée au dernier degré de l'avilissement politique, intellectuel et moral.

Une de ces crises formidables qui ébranlent le monde a été provoquée par l'ineptie et la trahison de nos maîtres insolents, et la France s'est levée tout entière pour reprendre son rang parmi les nations, à la tête de la civilisation moderne, et repousser les hordes de barbares conduites aussi par un brigand couronné.

Par une de ces heureuses coïncidences qui frappent l'esprit des populations et doublent leurs espérances, la nouvelle de l'effort héroïque et triomphant de Paris nous arrive le jour anniversaire de cette date funèbre qui ouvre l'ère de nos malheurs et de nos hontes. Espérons que le jour est proche de l'affranchissement de notre patrie, des vengeances légitimes (1) et de l'épanouissement glorieux de notre chère République.

Limoges, 3 décembre 1870.

LES TROIS POTENTATS.

La parole est au télégraphe et au canon. Tous les esprits sont anxieux, tous les cœurs sont émus; la grande partie est engagée. Nous ne dirons pas que les destinées de la France se jouent en ce moment sous les murs de Paris. Nous n'avons jamais craint la ruine et l'anéantissement de notre patrie; nous avons toujours cru, et nous croyons plus que jamais au succès définitif de nos armes, et au triomphe de la Répu-

(1) C'est ce mot ainsi placé isolément et sans commentaire d'aucune sorte, qui a fait dire récemment à un journal monarchique de Limoges que nous avions prêché toutes les violences, *toutes*, jusqu'à la légitimité de la vengeance.

Or, l'honnête journaliste qui a écrit cette phrase avait pu lire dans notre numéro du 7 décembre 1870, les explications suivantes :

« L'homme qui parle ou qui écrit est tenu de se servir de la langue de son auditoire ou de son public, et de ne donner aux mots qu'il emploie que le sens le plus généralement adopté. Nous sommes parfaitement de cet avis, et nous essayons de nous tenir dans cette juste mesure. Toutefois, il paraîtrait que dans un de nos derniers articles, nous avons laissé glisser sous

blique ; mais les circonstances n'en sont pas moins graves ; la lutte est terrible, les appréhensions générales, et toute discussion qui ne se rattache pas directement à la guerre paraît oiseuse et inopportune.

Nous voulons respecter ce sentiment; mais qu'il nous soit permis au moins de tirer de ces événements mêmes un grand enseignement. Nous faisons un appel suprême à nos adversaires, aux légitimistes, aux orléanistes, aux monarchistes de toutes les couleurs, aux indifférents surtout, qui sont les plus nom-

notre plume une de ces expressions à double entente qui suffisent à faire condamner un homme. Nous avons parlé, pour le jour du triomphe de la République, de *vengeances legitimes*, et un de nos amis, qui mieux que personne connaît la sensibilité de la fibre réactionnaire et la prodigieuse faculté d'interprétation de nos adversaires, s'est alarmé pour nous du danger que nous pouvons ainsi attirer sur notre tête.

» Que M. Alfred Talandier veuille bien se rassurer ; nous ne sommes et nous ne pouvons être un terroriste ; ceux qui nous connaissent le savent déjà, et ceux qui voudront bien apprendre à nous connaître ne tarderont pas à le savoir. Ennemi déclaré de la peine de mort, même pour les plus grands forfaits, nous la réprouvons aussi énergiquement en matière politique qu'en matière civile, et la peine du talion nous paraît une monstruosité. Les républicains ont pu être fusillés, assassinés, déportés dans des climats meurtriers ; ils ne doivent, sous aucun prétexte, commettre les mêmes crimes que leurs ennemis ; mais ils ont le droit et le devoir d'écarter de leur sein tous les auteurs ou les complices de ces attentats, et de réclamer une juste réparation des torts causés par eux. Voilà ce que voulait dire le mot de *vengeances légitimes*. Loin de regretter que cette expression soit venue sous ma plume, je m'en félicite bien sincèrement, puisqu'elle nous aura valu un éloquent plaidoyer en faveur des vrais principes républicains, auquel nous nous associons chaleureusement. »

breux, puis aux femmes, aux mères, aux sœurs de tant d'officiers, de soldats, de mobiles, de francs-tireurs qui meurent aujourd'hui pour nous ; que tous fassent taire leurs préventions, leurs préjugés et leurs rancunes; qu'ils écoutent la voix de la raison ; qu'ils consultent leurs souvenirs et leurs consciences.

Quels sont les auteurs de cette guerre impie et terrible qui a déjà couvert de sang et de ruines un tiers de la France? Qui a lancé l'un sur l'autre deux peuples voisins qu'aucune haine n'animait, qu'aucune offense, qu'aucune atteinte à leur honneur et à leur dignité n'avait soulevés? Est-ce la République qui sera responsable de tous les deuils dont aucune famille de France et d'Allemagne ne sera exempte, des propriétés ravagées, des maisons pillées et incendiées, des personnes violentées, de l'industrie et du commerce paralysés, de l'agriculture abandonnée, des fortunes détruites, des positions compromises, de la suspension de la vie publique, et de l'incertitude de l'avenir?

Non, ce sont deux hommes, deux rois, deux monarques qui, dans leur toute-puissance et dans leur sagesse infaillible, ont décidé de faire cette immense hécatombe d'êtres humains, et de semer sur leurs pas tant de ruines.

L'un a renversé l'autre, et a trouvé avec surprise un peuple devant lui. Un peuple ! qu'est-ce que cela? Et il a continué son œuvre de vengeance et d'ambition. Avant peu, il saura ce que c'est qu'un peuple.

A l'autre extrémité de l'Europe veillait un troisième potentat, possesseur d'immenses troupeaux d'hommes, mais qui désire depuis longtemps arrondir son domaine. L'occasion est bonne ; son plus puissant ennemi est abattu; il fait un pacte avec le vainqueur, et veut partager avec lui les dépouilles de l'Europe.

Ainsi, trois hommes ont la prétention de compter seuls en Europe, et n'hésitent pas à livrer, à tous les hasards des guerres les plus effroyables, une population de 300 millions d'âmes !

O partisans de la royauté ! contemplez ce spectacle !

Or, d'où viennent ces trois potentats ? Qui sont-ils ? Qui leur a donné cette puissance formidable ?

Le czar de Russie est le type le plus parfait du souverain de droit divin, armé d'un pouvoir personnel absolu, et ne rendant compte de ses pensées et de ses actes qu'à lui-même et à Dieu.

Le roi de Prusse était un roi constitutionnel, dont l'autorité devait être contenue par deux Assemblées. Il y a quatre ans à peine, l'opposition libérale, triomphante dans le parlement, menaçait son trône. Mais il suffit à ce roi de jeter ses armées en Bohême, de gagner la bataille de Sadowa et de vaincre l'Autriche, pour changer les dispositions de son peuple, obtenir un *bill* d'indemnité, méditer de nouveaux triomphes, et soulever l'Allemagne entière contre nous. Aujourd'hui devenu populaire et médiateur absolu de la Confédération du Nord, il se dispose à ceindre la couronne de Charlemagne.

On sait l'origine et les aventures du troisième. Conspirateur émérite dès sa jeunesse, il conspira même au pouvoir, et viola le serment le plus solennel pour se hisser tout sanglant sur les marches d'un trône restauré.

Les actes d'audace frappent l'imagination des peuples ; les Français se livrèrent à lui, et lui abandonnèrent leurs droits et leurs libertés. Nous savons ce qu'il en a fait ; nous savons mieux encore comment ce souverain élu, si fort et si fier de ses millions de suffrages, a su à la fois souiller son nom et déshonorer la France par la plus honteuse des capitulations. Ainsi, monarque de droit divin, monarque constitutionnel, prince-président ou empereur élu, tout homme placé au-dessus des autres hommes par la force ou par la ruse, tend toujours vers le même but : le pouvoir absolu, et le mépris de toute morale.

Et un jour les peuples se trouvent esclaves, et subissent les conséquences désastreuses de l'ambition et de la folie de leurs maîtres.

Et nunc erudimini!

Et maintenant, Français, que ces leçons vous profitent.

UN PROTECTEUR.

Une dépêche de Bruxelles annonce que le comte de Chambord aurait écrit au roi de Prusse une lettre protestant avec énergie contre tout démembrement de la France.

Allons ! Pauvre France ! les maîtres ne te manqueront pas. Tu as été, tu es, et tu seras toujours pour les enfants des nobles races une propriété, un domaine, un douaire, un majorat, une chose enfin, appartenant de par le droit divin à une famille qui veut bien aujourd'hui intercéder pour toi auprès de son ami le roi de Prusse.

Trompée, trahie, humiliée par tes seigneurs et maîtres, tu te relèves enfin, dans ta fière indépendance, pour sauver ton honneur ; tes enfants vont mourir pour toi par centaines de mille, et tu espères que ce sacrifice, joint à tes droits sacrés si longtemps méconnus, te vaudra la liberté, l'indépendance, la possession de toi-même? Erreur, aveuglement, illusion! Répands le plus pur de ton sang, épuise tes ressources, saigne-toi aux quatre veines, pour qu'au lendemain de ta victoire, on vienne te dire au nom de monseigneur le duc de Chambord : c'est bien, mais tu es notre patrimoine; nous rentrons dans nos droits, et apprends à obéir.

Limoges, le 4 décembre 1870.

LE GOUVERNEMENT DE DROIT ET LE GOUVERNEMENT DE FAIT.

La République a aujourd'hui une double raison d'être : elle est un gouvernement de droit, et elle est un gouvernement de fait.

Comme gouvernement de droit, on sait notre pensée. La République, pour nous, n'est pas un parti; elle n'est ni le gouvernement d'un seul, ni le gouvernement de plusieurs, ni le gouvernement d'un grand nombre; elle est le gouvernement de tous, et elle ne peut être repoussée rationnellement que par ceux dont les intérêts particuliers sont en opposition avec les intérêts de la masse et de chacun.

Antérieurement au 4 septembre, antérieurement à l'empire, à la monarchie constitutionnelle, à la royauté de droit divin, la République existait virtuellement.

Elle n'a même jamais cessé d'exister. Elle peut disparaître encore en apparence ; de nouveaux coups d'État, de nouvelles révolutions peuvent tenter de la surprendre, peuvent parvenir à la supprimer momentanément, rien ne pourra lui enlever sa vitalité et sa puissance de résurrection.

Fille de l'Évangile, fille de la Réforme, fille du dix-huitième siècle, elle est la conscience universelle ; et depuis que Montesquieu a retrouvé les droits de l'esprit humain ; depuis que Voltaire et Rousseau ont revendiqué pour tous les hommes la justice et l'égalité ; depuis que la *Déclaration des droits de l'homme* a posé nne démarcation irrévocable entre les temps anciens et les temps nouveaux, la République a été créée en germe, et ce germe est impérissable comme l'âme humaine.

En second lieu, la République est actuellement un gouvernement de fait. Loin de nous la pensée de reprendre à notre profit l'immorale théorie du fait accompli, qui a régné triomphalement dans le monde depuis vingt ans. Non, il n'y a pour nous ni fait accompli, ni prescription contre le droit ; et si la République n'avait d'autre raison d'être que son existence même, elle ne mériterait ni plus de respect ni plus d'obéissance que tous ces gouvernements d'aventure qui se succèdent et se remplacent dans le monde, fondés et soutenus par la force, la violence, la ruse et l'ignorance des peuples.

On affecte quelquefois de dire, dans le camp de nos adversaires, que la République s'est imposée le 4 septembre, comme Bonaparte le 2 décembre. Une telle assimilation fait monter le rouge au visage, et on se demande comment les monarchistes qui tiennent ce langage peuvent être à ce point aveuglés par la haine, ou égarés par la passion. D'abord, nous le déclarons franchement, nous avions le droit de renverser un gouvernement qui ne s'était maintenu que par le mensonge, l'hypocrisie, la corruption et la terreur. Toute insurrection était légitime, était morale ; et si le parti républicain a protesté contre tous ces prétendus complots que le gouvernement impérial inventait tous les mois, c'est qu'il avait conscience que tous ces complots étaient imaginaires, ou formés par la police elle-même. En réalité, il ne conspirait pas, du moins secrètement. Il voyait la lumière se faire peu à peu, les fautes s'accumuler, les embarras augmenter, et il attendait patiemment un succès assuré et prochain. Il se serait gardé de livrer aux hasards de la guerre des rues une victoire qui se présentait d'elle-même.

Mais les temps marqués étaient venus ; le héros de décembre était frappé

...... de cet esprit d'imprudence et d'erreur,
De la chûte des rois, funeste avant-coureur,

il se lança en fou maniaque et désespéré dans une guerre terrible, qu'il n'avait su ni prévoir ni préparer. Nos soldats, mal conduits, mal armés, mal nourris, apprirent pour la première fois à reculer, sous ce grand guerrier ; et cet élu de la nation, qui avait promis de mourir à la tête de son armée, rendit 80 mille hommes à la Prusse, pour fumer librement ses cigarettes et conserver ses cuisiniers, ses veneurs et ses palefreniers.

L'empire avait encore un Sénat et un Corps législatif, et un conseil d'État, et des ministres, et des maréchaux, et des magistrats, et des évêques et archevêques, et des gendarmes, et une police. Ces nobles défenseurs de l'ordre vont au moins se grouper, se coaliser, se précipiter au secours de l'édifice chancelant.

Ils vont au moins s'apprêter à mourir sur leurs chaises curules.

Eh non! ce savant échafaudage, cette pyramide si solidement établie sur sa base, cette centralisation si merveilleuse, tout se détraque à la fois. Quelques milliers de personnes, se faisant les interprètes du sentiment universel de réprobation et de dégoût, descendent paisiblement vers la Seine, sans armes et sans tumulte, et invitent les députés de Paris à ramasser ce pouvoir tombé dans la boue, et à prendre en mains la défense de la patrie et de la République. Ceux-ci acceptent, et sont acclamés à l'hôtel de ville, en plein jour, par un soleil radieux, sans la moindre trace de désordre, sans une goutte de sang versé. Et vous voudriez comparer cette reprise solennelle, pacifique et généreuse de nos droits, avec cette sanglante et nocturne tragédie qui baillonna un peuple et mit aux fers une nation! Est-ce vraiment sérieux? Et si vous allez dans les campagnes comparer l'origine de la République de 1870 à l'origine de l'empire de décembre 1851; est-ce vraiment loyal?

Passe encore pour l'origine du gouvernement actuel, diront d'autres esprits plus consciencieux; mais ce gouvernement se perpétue sans mandat; il décrète et il légifère sans contrôle. En quoi diffère-t-il du gouvernement impérial? N'est-ce pas une pure dictature sans la consécration de l'élection?

Assurément, si la République devait être personnifiée dans un homme, comme elle l'est aujourd'hui; si la France devait subir une loi quelconque qu'elle n'aurait pas faite par ses mandataires, nous serions les premiers à proclamer que nous n'avons fait que changer de maître, et que, de quelque drapeau qu'il s'enveloppe, cet homme est notre ennemi. Mais est-il permis de méconnaître le désir évident et plusieurs fois manifesté du Gouvernement provisoire de convoquer une Assemblée constituante et de résigner ses pouvoirs? A-t-il été et est-il encore matériellement possible de le faire? D'ailleurs, le gouvernement de Tours et celui de Paris ont-ils manqué à leur mission? Ont-ils, oui ou non, créé des armées, rétabli la discipline, ramené la confiance, organisé la victoire? Et enfin, ont-ils abusé de leurs pouvoirs illimités? Quels hommes, dans une situation semblable, auraient moins effrayé les partis opposés, fait plus de concessions à l'esprit de conciliation et d'apaisement?

Ainsi, pour tout homme impartial et consciencieux, l'établissement du Gouvernement provisoire à Paris a été un fait de nécessité absolue, et ce fait sauvera la France. En second lieu, l'organisation régulière de la République a été d'une impossibilité aussi absolue; et les partis monarchiques, qui peuvent compter à leur aise ce qu'ils appellent les fautes du gouvernement, ne peuvent lui reprocher d'avoir outrepassé les pouvoirs dont la force des choses l'a investi.

Nous chercherons demain quelle pourra être, après la guerre, l'attitude de ces partis, et quelles sont leurs chances de succès.

Limoges, le 8 décembre 1870.

LA RÉPUBLIQUE OU LA GUERRE CIVILE.

La France, engagée dans une lutte sans exemple dans l'histoire, sera victorieuse ou vaincue ; elle chassera le dernier Prussien, ou elle subira toute honte et toute ruine. Elle se relèvera de ses vingt années d'abaissement moral, ou elle tombera aux derniers degrés de l'avilissement. Elle redeviendra le porte-étendard de la civilisation, ou elle s'effondrera dans un abîme de dégradation. Elle en est venue à cette crise suprême qui va décider si elle sera encore ou si elle ne sera plus. *To be, or not to be;* être ou ne pas être, voilà la question.

Aucun esprit sensé ne peut se faire illusion sur la portée des grands événements qui s'accomplissent ou se préparent. Nul n'est indifférent au sort de son pays ; nul n'envisage de sang-froid l'avenir qui lui est réservé. Un vague sentiment d'inquiétude et d'effroi oppresse tous les cœurs. Les moments sont suprêmes. L'heure du recueillement est venue. Que chacun interroge sa conscience et élève son âme à la hauteur des circonstances.

Arrière les misérables préoccupations de l'intérêt personnel. Arrière les préjugés, les rancunes, les préventions, les préférences non raisonnées. Arrière surtout la calomnie et les jugements précipités et téméraires. Du sang-froid, du calme, de la raison, du bon sens, du courage et de la justice ! Le navire sombre ; il faut le sauver ; il faut nous sauver nous-mêmes ; ne couronș pas aux sacs d'argent; courons aux pompes. A l'œuvre! A l'œuvre! et du côté du péril.

Le péril! où est-il donc? A Orléans? A Paris? sans doute. Mais nos fils, nos frères, nos amis sont là-bas qui nous défendent, qui nous défendront, qui nous sauveront. Là-bas sont de vaillantes armées qui peuvent plier sous le nombre, mais qui reviendront à la charge; d'autres vont les appuyer; d'autres viendront encore, et après eux, les pères s'il le faut, pour les soutenir ou les venger.

Mais le péril est encore ailleurs; il est au milieu de nous; il est menaçant et terrible. C'est l'empire, c'est la royauté, c'est la monarchie qui veulent venger leurs défaites, et reconquérir leurs droits méconnus et condamnés.

Nous ne croyons pas que les partis monarchistes aient le droit d'attaquer et de renverser la République, parce que nous plaçons la République au-dessus de toute discussion, et de toute atteinte; au-dessus du suffrage universel lui-même, qui n'en est que le rouage essentiel et nécessaire, et qui d'ailleurs est incompatible et contradictoire avec une monarchie héréditaire. Mais nous abandonnons pour aujourd'hui ce terrain, et nous admettons que nos adversaires, méconnaissant la valeur absolue de nos principes, tiennent à faire prévaloir leurs doctrines et à provoquer une nouvelle restauration monarchique. Nous venons leur demander comment ils espèrent réussir dans leurs desseins, et s'ils ont bien prévu et calculé les difficultés qu'ils rencontreront, les luttes qu'ils feront naître et les conséquences inévitables et terribles de ces luttes.

Plaçons-nous d'abord dans l'hypothèse où la France, vaincue et écrasée, serait condamnée à subir un monarque porté sur le trône par d'insolents vainqueurs.

Il nous répugne de croire qu'un prétendant osât accepter ou subir cet outrage. Un seul pourtant pourrait ajouter cette nouvelle infamie à toutes ses turpitudes, et se glorifier de devoir son trône restauré à son cousin et ami le roi de Prusse. Mais y a-t-il vraiment en France des monarchistes assez aveugles, assez égarés, dont le sens moral soit assez perverti pour accueillir avec satisfaction, avec joie, le retour du lâche déserteur de Sedan, et de l'auteur insensé de tous nos malheurs? La France occupée par l'étranger pourrait être forcée de courber de nouveau la tête sous le joug bonapartiste ; mais qui pourrait croire à la stabilité de ce gouvernement? Combien de temps les baïonnettes étrangères l'imposeraient-elles à la France? Et combien de milliers de républicains faudrait-il exiler, déporter ou fusiller? Est-ce là votre rêve, monarchistes intraitables, et dormiriez-vous tranquilles alors? Non, car vous n'ignorez pas que la partie serait trop belle pour tous ceux qui auraient gardé un cœur français, et que le sol enfanterait des vengeurs aux proscrits et et aux morts.

Mais la France sera victorieuse. Nos ennemis peuvent inonder notre sol de leurs innombrables soldats ; accumuler les déprédations, les exactions, les pillages, les crimes ; la République est là qui veille, et la République ne se rend pas.

Que les rois conjurés et leurs hordes d'esclaves s'emparent d'Orléans et de Rouen, et du Hâvre, et de Lille, et de Tours ; il lui restera encore pour se défendre le vaste massif du plateau central, puis les Cévennes, puis la Gascogne et le Languedoc, puis la Provence. Jusqu'ici timide et confiante, la République a demandé relativement peu de sacrifices à ses enfants. Les ruines partielles des fortunes et des industries sont le fait de la suspension de la vie civile, le fait de la guerre, le fait du gouvernement personnel. Mais quand il faudra aborder la suprême lutte, la République fera de suprêmes appels, et le moment sera venu des suprêmes sacrifices. Alors la France entière se lèvera et rejettera loin d'elle le flot de ses envahisseurs.

Et après, que ferez-vous, royalistes, impérialistes pusillanimes; vous qui aurez causé tous ces désastres par la peur du *spectre rouge*, par ce plébiscite malencontreux, arraché, non à vos consciences, mais à vos terreurs? vous qui auriez déjà abandonné la partie, ou qui ne l'auriez peut-être pas engagée? vous à qui ne serait jamais venue la pensée de lever la nation en masse et d'armer tous les hommes valides? Voudrez-vous tenter d'arracher à la République, aux républicains, le fruit de leur énergie, de leur foi, de leur audace heureuse? Oh! malheur à vous! si, après tant de sanglantes hécatombes, vous venez encore susciter des guerres intestines, des luttes fratricides et impies, si vous venez souffler la guerre civile. Car, sachez-le bien, la République triomphante et victorieuse de ses ennemis du dehors, sera généreuse, humaine, clémente envers ses ennemis du dedans, si ceux-ci la laissent marcher tranquillement et majestueusement vers ses brillantes destinées; mais elle se lèverait furieuse et impitoyable contre ses enfants dénaturés qui porteraient le fer dans son sein.

Limoges, 9 décembre 1870.

PRENEZ GARDE !

Nous lisons dans le *Gaulois*, qui se publie à Bruxelles :

« Le *Times* annonce qu'un traité de paix aurait été conclu entre l'ex-empereur Napoléon et le roi de Prusse.

» Aux termes de cette convention, l'ex-empereur rentrerait en France à la tête des armées aujourd'hui prisonnières, et la rançon de l'impérial otage serait la cession de l'Alsace avec Strasbourg, et de la Lorraine avec Metz. »

Puis un peu plus bas, en post-scriptum :

» On nous télégraphie de Londres que l'assertion du *Times*, relative au traité entre le roi Guillaume et Napoléon III, est prématurée.

» Les négociations toucheraient à leur fin, et l'impératrice Eugénie, qui a approuvé les négociations, serait partie pour Wilhemshœhe. »

On annonce, d'un autre côté, que les onze présidents des onze comités qui se partagent, à ce qu'il paraît, en France, la direction du parti légitimiste, se seraient réunis dans un château de Bretagne par ordre d'Henri V, pour discuter la question de savoir en faveur de quel prince de la famille des Bourbons Sa Majesté devait abdiquer ses droits au trône de France.

Le choix de ces onze preux chevaliers s'est porté sur..... devinez qui....., vous n'y êtes pas..... ? Vous ne connaissez donc pas toutes les branches et tous les rejetons de la Famille des Bourbons..... ? Eh bien ! nous allons vous l'apprendre..... Le choix s'est porté sur... *le duc Robert de Parme*.

Salut à cette nouvelle connaissance ! L'héritier légitime, monseigneur le comte de Chambord, a ratifié ce choix intelligent, et voilà comment nous aurons incessamment Robert II, successeur de Henri V.

Allons, ferme, poussez, nos bons amis de cour ; la comédie est complète ; il faut bien mêler un peu de rire à nos larmes.

Et la France, qu'en faites-vous ?

La France n'a pas à se mêler à ces arrangements-là. Lorsque tout sera réglé, et le contrat tout prêt, on la priera tout simplement d'apposer sa signature, et elle l'apposera ; elle est si bonne fille ! Que ne lui a-t-on pas fait accepter déjà ? Elle en verra bien d'autres. On sait aujourd'hui comment la prendre. Son avis est la moindre des choses. Trop heureuse de sortir de tous ces imbroglios. Avec elle il ne faut pas se gêner.

Êtes-vous bien sûrs, monarchistes de toutes les couleurs, qu'il ne faille pas compter avec la France ? Hier encore, vous trembliez de tous vos membres devant l'épouvantail du *spectre rouge ;* hier, vous poussiez les hauts cris devant la sédition de Paris, de Lyon et de Marseille. Et aujourd'hui, parce que la réaction est plus à son aise ; parce que vous êtes parvenus à maintenir ou à réintégrer vos amis dans tous les postes publics, vous vous croyez plus forts, vous affectez de grands airs, vous ne comptez plus avec vos adversaires. Ah ! prenez garde ! vous qui êtes toujours les mêmes ; vous qui jouez avec le feu ; vous qui aimez les tempêtes ; vous qui êtes aussi prompts à trembler devant des périls imaginaires qu'à fermer les yeux sur les redoutables problèmes sociaux de votre époque ; vous qui n'avez d'espoir que dans la force ; vous qui ne faites des vœux que pour un maître ; vous qui ne vous sentez libres — que dans l'esclavage. Prenez garde, prenez garde !

Limoges, 11 décembre 1878.

RETIREZ-VOUS !

Nous avons essayé, dans plusieurs articles, de définir la République. Nous avons cherché à démontrer qu'elle n'est pas seulement un gouvernement de fait, mais encore et surtout un gouvernement de droit, et qu'elle est supérieure théoriquement et pratiquement à tout gouvernement monarchique, qu'il soit absolu ou tempéré. Nous avons affirmé en outre que chercher aujourd'hui à renverser la République, c'est vouloir attirer sur notre pays toutes les horreurs d'une guerre civile impitoyable.

Nous avons enfin adjuré les adversaires de la République de se retirer volontairement de la vie politique active, de résigner leurs fonctions judiciaires ou administratives, et de laisser aux républicains la responsabilité du salut de la France et de son gouvernement actuel.

Nous ne nous faisons pas illusion sur le sort réservé à nos conseils et à nos pressantes sollicitations. Tout ce que nous pouvons dire, fût-il d'une logique et d'une vérité lumineuses et éclatantes, sera considéré par nos adversaires comme un tissu de sornettes et d'extravagances, et bien peu se diront dans le fond de leurs consciences : si pourtant il avait raison ! si nous préparions, si nous fomentions la guerre civile, sans nous en douter ! Ceux-là seuls pourraient rentrer en eux-mêmes, et s'arrêter sur la pente fatale qu'ils descendent, qui, sous les régimes précédents et particulièrement sous l'empire sont restés dans l'ombre et n'ont pris aucune part aux événements. Mais comment ceux qui ont été assez aveugles pour ne pas voir l'abîme qu'ils creusaient sous leurs pas et sous les nôtres pendant dix-huit ans, lorsqu'ils n'avaient, pour connaître la vérité, qu'à ouvrir les yeux ou à écouter les affreux démagogues et leurs odieux journaux; comment, dis-je, ces hommes seraient-ils devenus subitement clairvoyants et pourraient-ils entrevoir les malheurs dont ils seront cause encore? Avant tout, il faut dompter la démagogie. Vous ne les ferez pas sortir de là. Comme si la démagogie existerait sans eux! comme si tous les excès passés, présents et futurs des démocrates et des républicains n'ont pas été, ne sont pas et ne seront pas toujours les suites et les conséquences de résistances insensées aux réclamations et aux revendications les plus légitimes!

Cessez de nier la nécessité des réformes sociales; reconnaissez que tout n'est pas pour le mieux dans l'organisation de notre société, et qu'il y a des classes privilégiées pour qui tout est facile, tout est possible, en dehors du mérite, en dehors du droit et de la justice, par la puissance seule de l'argent, ou des influences cléricales ou autres. Admettez la nécessité de porter un prompt remède à toutes ces iniquités; étudiez consciencieusement les différents systèmes nés des méditations des penseurs de tous les temps et de tous les pays; admettez qu'on compare, qu'on approfondisse, qu'on soumette à l'examen tous ces plans de réorganisation, afin d'en démêler le vrai et le faux; souffrez qu'on en fasse des applications sans crier au scandale; comptez surtout sur le bon sens public pour faire justice de tous les rêves insensés des cerveaux malades et, soyez-en bien sûrs, vos nuits seront plus tranquilles, la terreur que vous inspirent les buveurs de sang ne troublera pas votre sommeil. Vous rougirez même d'avoir été si longtemps les dupes d'un vain fantôme ; vous n'en trouverez plus de trace dans votre imagination apaisée ; vous verrez la vie, les hommes, sous un jour nouveau ; vous comprendrez mieux le sens de vos évangiles, et vous conformerez mieux votre vie à celle de votre modèle, dont vous êtes aujourd'hui si loin qu'il ne vous reconnaîtrait certainement pas pour ses disciples.

Mais en attendant, lorsque les événements se succèdent avec rapidité et se présentent avec un caractère de gravité solennelle, êtes-vous les hommes de la situation ? Complaisants impassibles et toujours satisfaits de tous les régimes passés, vous sentez-vous la force, le courage, la résolution et l'audace nécessaires pour conjurer les périls du moment, et pour sauver la France ?

La France ne peut être sauvée que par la guerre et par la République. La guerre ! est-il sûr que vous la vouliez ? La République ? ne la considérez-vous pas comme votre ennemie ? Alors, que voulez-vous ? qu'espérez-vous ? Pourquoi entraver l'élan de la nation qui, grâce à vous, ne sait plus où elle va, où on la mène, et ce qu'elle sera demain ? Au nom de la patrie en danger, nous crions à tous les amis de la paix honteuse, à tous les partisans de l'empire, à tous les royalistes : Retirez-vous ! retirez-vous !

Limoges, 12 décembre 1870.

DU ROLE DES JOURNAUX DANS UNE RÉPUBLIQUE.

Tous les gouvernements monarchiques ont traité la presse comme une ennemie et l'ont soumise, dans l'intérêt de l'ordre, à une réglementation plus ou moins étroite et sévère ; mais il était réservé à l'Empire de la considérer comme le pire des fléaux, et de la traiter en conséquence.

Pour fonder un journal, il fallait une autorisation du gouvernement, excepté dans les derniers jours de l'empire, et cette autorisation n'était accordée tout naturellement qu'aux hommes qui offraient des garanties suffisantes de dévouement et de servilité. On demandait en outre aux rédacteurs en chef des blanc-seings, afin de les forcer à se retirer à la première velléité d'indépendance.

Les journaux étaient en outre assujettis à un cautionnement énorme, afin que les riches seuls eussent le droit de se faire entendre ; à des droits de timbre exorbitants, afin que les petites bourses ne pussent y atteindre ; ils étaient exposés à des poursuites perpétuelles, à des amendes fabuleuses, à un nombre impossible de mois de prison, grâce à un système ingénieux de primes accordées aux juges, proportionnellement à l'importance du prévenu et à la sévérité de la condamnation. Ce n'est pas tout encore : le gouvernement s'était réservé les communiqués, les avertissements, la suspension et la suppression administratives, l'autorisation de vente sur la voie publique :

que sais-je encore? tout un arsenal de lois et de règlements qui devait laisser la place libre à la presse officielle, et lui permettre de développer tout à son aise les merveilleux avantages du règne du bon plaisir.

Ce système réussissait médiocrement à Paris et dans les grandes villes; mais en province, dans les villes moyennes et dans les campagnes, il avait porté d'heureux fruits.

Chaque chef-lieu de département, ou à peu près, avait son journal, et un journal unique, fabriqué dans les bureaux mêmes de la préfecture. C'était un petit journal officiel, qui enregistrait régulièrement les grandes choses que faisait le gouvernement, et les portait jusqu'au fond des campagnes, au moyen d'un abonnement forcé aux frais de chaque commune. Les annonces judiciaires venant par là-dessus faisaient d'assez jolis bénéfices aux heureux mortels sur qui tombait cette manne impériale.

Aujourd'hui, au moins, tout est changé, comme il convient dans une République. Nous n'avons plus ni autorisation préalable, ni cautionnement, ni timbre, ni communiqués, ni avertissements, ni suspensions, ni condamnations. C'est bien quelque chose; je crois même que c'est beaucoup, et qu'il n'en faut pas davantage, pourvu que cela dure, pour faire en peu de temps l'éducation politique de la nation, et lui apprendre à se conduire elle-même. Une seule chose pourtant est nécessaire pour arriver à ce résultat : c'est que la presse comprenne sa mission et l'accomplisse avec dignité.

Quoiqu'on puisse dire des fautes commises par le gouvernement actuel, de ses choix malheureux et de l'inactivité de ses agents, nous devons reconnaitre que nous vivons sous un régime de liberté, et qu'en particulier la presse ne rencontre sous ses pas aucune entrave. C'est donc le moment pour chacun d'afficher son programme et de proclamer ses préférences. Il est permis en droit sous une République, et en fait il est permis aujourd'hui de se dire légitimiste, orléaniste ou bonapartiste ; il est de droit pour tous les partisans des régimes déchus, il est même de leur devoir d'exposer librement les raisons qu'ils ont de préférer tel ou tel gouvernement à celui de la République. On leur répondra, et le public appréciera.

Or, est-ce bien là l'attitude qu'ont prise les organes plus ou moins déguisés des ennemis de la République ?

Dans quelle ville de province voyez-vous des journaux qui se disent bonapartistes, orléanistes ou légitimistes ? Il y en a peut-être ; mais le fait est rare, à coup sûr. Tous les journaux qui se fondent aujourd'hui, sous l'égide de la liberté absolue, se disent républicains. Si vous essayez d'en douter, si vous faites quelques allusions à leurs sentiments supposés, à leurs attaches, à l'opinion incontestée de la plupart de leurs abonnés et de leurs lecteurs ; ils vous demandent aussitôt de quel droit vous vous permettez de sonder les cœurs et les reins. Prenez ce qu'on vous donne, reproduisez ce qu'on écrit, mais ne supposez rien au delà. Ils aiment la liberté, plus que nous mêmes, à les entendre ; ils ont un culte pour la vérité ; ils abhorrent le mensonge et l'hypocrisie ; mais ils ne mettraient pas leur vraie devise sur leur drapeau. Ils ne veulent pas se découvrir ; ils aiment mieux combattre sous leur cotte de mailles. C'est là leur tactique, c'est là leur courage.

Il est cependant facile de faire une classification des journaux qui existent actuellement, malgré la précaution que beaucoup d'entre eux ont prise de se dérober.

On voit, en première ligne, les anciens journaux officiels bonapartistes, qui ont continué à paraître presque partout. Pour peu que leur titre ne fût pas compromettant, ils l'ont gardé, et ils se contentent aujourd'hui de se faire oublier en ne parlant ni pour ni contre la République, ni pour ni contre l'empire. Ce sont de petits saints qui bourrent leurs colonnes de faits divers et de correspondances. Ils ne font pas de mal? dira-t-on. Non. Mais quel bien font-ils? Aucun. S'ils croient encore à l'empire, pourquoi ne chantent-ils plus ses louanges, ou pourquoi ne plaident ils pas au moins en sa faveur les circonstances atténuantes? S'ils sont ralliés sincèrement à la République, si le chemin de Sedan à Wilhemshœhe a été leur route de Damas ; qu'ils le disent, et non-seulement une fois, mais toujours, mais chaque matin ; surtout quand ils voient que leur nouvelle fille d'adoption, la République, est si fortement attaquée, si fortement compromise.

En second lieu, nous avons les journaux légitimistes, qui se reconnaissent à un certain parfum de Rome, à leur jargon des halles emprunté à Louis Veuillot, moins le talent. Ils aiment d'un amour profond la République, mais ils ne prononcent jamais son nom, frappent sur tous les républicains sans distinction, et ne demandent la liberté que pour les couvents, les moines, les jésuites et les bureaux de bienfaisance.

En troisième lieu, viennent les journaux monarchiques constitutionnels, qui ne cachent pas dans les premiers jours leurs sympathies pour la famille d'Orléans, afin que personne n'en ignore, mais qui se fâchent ensuite, pour peu qu'on leur donne le nom d'orléanistes. Renfermés dans la quiétude parfaite que donne la certitude d'avoir en réserve la meilleure forme de gouvernement, ils ne discutent jamais, n'abordent jamais les questions politiques, et se contentent d'escarmoucher, par-ci, par-là, laissant volontiers les principes pour faire des personnalités.

Restent enfin les journaux démocratiques et républicains. Ceux-là, jusqu'à présent, ont assez bien marché d'accord. Mais les uns ont une tendance prononcée à tout approuver dans les actes du gouvernement, et croiraient compromettre le salut de la République s'ils donnaient seulement à l'administration un conseil ou un avertissement. Un département reste-t-il sans défense, malgré la présence d'un comité de ce nom, institué depuis trois ou quatre mois? L'argent fait-il absolument défaut, malgré des votes du conseil municipal et du conseil général, malgré les promesses des banquiers étrangers, malgré des appels réitérés aux souscripteurs d'emprunt? La réaction envahit-elle ostensiblement toutes les avenues des administrations, et ne cache-t-elle plus ses espérances? Les campagnes voient-elles avec surprise les errements du passé, et entendent-elles chaque jour des malédictions contre la République? L'autorité locale est-elle laissée sans pouvoirs et sans ordres? La France est-elle inquiète de la marche des événements? La résistance à l'invasion s'organise-t-elle dans le midi? Forme-t-on partout des ligues? La ville de Nantes propose-t-elle aux sociétés démocratiques d'envoyer des délégués près du gouvernement central de Bordeaux? Aucune de ces grandes questions ne les émeut; leur respect pour les autorités constituées les retient. La discussion leur paraît inopportune, et ils se renferment dans un majestueux silence, comme pouvaient faire les journaux officieux aux beaux jours de l'empire.

Nous croyons au contraire que jamais la situation

n'a demandé plus qu'aujourd'hui le concours actif et personnel de tous les démocrates. Jamais le Gouvernement provisoire n'a eu plus besoin d'être renseigné, averti, éclairé, critiqué. Dans tous les temps la presse démocratique doit être si complétement indépendante qu'elle n'hésite jamais à signaler les moindres abus. Mais aujourd'hui, en particulier, nous croyons qu'en agissant ainsi, elle fait acte de vrai patriotisme, parce que la patrie est doublement en danger, et nous ne manquerons pas à ce devoir.

Nous sommes même convaincu que cette attitude est la seule qui puisse nous attirer l'estime et la considération, non-seulement de nos coreligionnaires, mais encore de nos adversaires politiques, et surtout des administrateurs et des fonctionnaires dont nous critiquerons les tendances et les actes.

Limoges, 16 *décembre* 1870.

LA RÉACTION.

On parle beaucoup aujourd'hui de réaction et de réactionnaires, et assurément on n'a pas tort; car c'est là qu'est le péril pour la France, bien plus que dans l'invasion de la Prusse avec tous ses soldats et toute son artillerie. Si la réaction voulait, par un sentiment de haute humanité et de pudeur, désarmer complétement et franchement, et laisser aux républicains le soin d'entretenir dans les villes et dans les campagnes le feu sacré qui fait les héros, la France retrouverait des soldats de 92, des généraux habiles et déterminés, chasserait ignominieusement l'étranger et reprendrait son rang parmi les nations.

Nous croyons toujours, malgré nos revers, que tel sera le résultat dernier de la grande lutte aujourd'hui engagée, mais nous voudrions que ce dénouement fût obtenu plus rapidement et avec moins de sacrifices. C'est pour cela que nous ne cesserons de répéter sur tous les tons et à toute heure : Prenez garde! et retirez-vous! Nous laissons aux mauvais plaisants le triste mérite de bafouer ceux qui donnent sérieusement des conseils sérieux. Nous sommes guidé par des sentiments puisés à des sources plus élevées, et nous ne cesserons de remplir une tâche que nous nous sommes imposée comme un devoir.

Nos adversaires politiques n'aiment pas qu'on les appelle des réactionnaires: Qu'entendez-vous, disent-ils souvent, par ce mot de réactionnaire? Nous sommes plus libéraux que vous, et nous avons le devoir, aussi bien que vous, de ne pas nous désintéresser de la chose publique.

Voilà les objections. Nous allons essayer d'y répondre.

Nous entendons par réactionnaires, d'abord tous les hommes qui ne veulent à aucun prix de la République, et ensuite tous ceux qui accepteraient le mot, pourvu que la chose disparût.

Les premiers appartiennent surtout au parti légitimiste. Ceux-là ont une foi, du moins. Nous sommes assurément bien loin de la partager ; nous ne pouvons même pas parvenir à comprendre comment elle peut persister dans des esprits éclairés ; mais enfin, c'est une foi, et toute foi est respectable quand elle est sincère. Le symbole, le *Credo* de tous les légitimistes, est le même, et, à moins qu'il ne faille prendre au sérieux l'abdication du comte de Chambord en faveur du duc de Parme, ce qui serait un démenti flagrant au principe même de la légitimité, nous devons reconnaître que, jusqu'à ce jour, ils n'ont pas varié dans leurs vœux et dans leurs prétentions. Cependant, au point de vue de leur conduite et de leur attitude à l'égard des gouvernements qui se sont succédé en France depuis 1830, il y a eu une véritable scission. On a vu ce qu'on appelle encore des grands noms historiques à la cour du roi Louis-Philippe, et le Sénat impérial en était très amplement fourni. Il n'est guère d'administrations et de fonctions publiques, où, depuis quarante ans, les légitimistes ne se soient glissés, prêtant sans répugnance à tous les pouvoirs des serments qu'ils étaient toujours prêts à violer en toute tranquillité de conscience. Il en est d'autres, au contraire, qui, fidèles à leurs principes et ne composant pas si facilement avec leur conscience, se sont retirés des affaires publiques et n'ont jamais accepté la moindre fonction exigeant soit un serment, soit le moindre concours politique actif. Sous l'empire ils n'acceptaient même pas la charge purement honorifique, mais bien compromettante, de maire de leur commune. Honneur à ces derniers! et nous voudrions qu'ils eussent dans le pays des organes avoués, pour les combattre, car nous sommes sûr qu'avec eux la lutte serait loyale.

Quant à la première fraction du parti légitimiste, qui a toujours accepté provisoirement les gouvernements de fait, en leur prêtant un très dangereux appui, nous ne pouvons accueillir ses avances, et nous sommes forcé de la ranger parmi les adversaires dont il nous reste à parler.

Nos véritables et nos plus dangereux ennemis sont

ceux qui n'ayant ni principes politiques arrêtés, ni préférences dynastiques bien ardentes, mais une grande répugnance pour toutes les réformes sociales qu'ils redoutent instinctivement, sont tout disposés à faire bonne mine à la République, à la condition qu'ils seront appelés à la diriger, et qu'ils laisseront à peu près toutes choses en place. Ils prendront plus tard un roi, un empereur, ou ils garderont la République, à leur convenance et suivant les circonstances. Ils sont déjà parvenus à circonvenir le pouvoir central et ses représentants immédiats. Ils restent ou ils pénètrent dans toutes les administrations. Là, ils ne font plus de circulaires impératives à leurs subordonnés, comme sous l'empire ; mais ils n'écrivent, ne disent, ne recommandent rien, et les subordonnés comprennent. Leurs maisons, leurs antichambres, leurs bureaux ne sont remplis que des débris de tous les anciens régimes ; les républicains ne sont pas admis dans leurs sociétés, où d'ailleurs ils seraient fort mal à l'aise, car on n'y entend qu'invectives contre la République et les républicains.

Dans les campagnes surtout, l'effet est désastreux ; le paysan qui a besoin de son maître, l'ouvrier et l'artisan qui ont besoin de travail, l'employé qui a besoin de son traitement, le marchand qui a besoin de vendre, tous gardent un silence prudent, et certains maintenant que rien n'est changé dans le gouvernement, au moins en ce qui les concerne, en ce qui les touche, en ce qu'ils peuvent voir, ils reprennent les allures que l'empire leur avait apprises et ils se remettent à la disposition du bourgeois.

Si c'est là le but que poursuit la République, si c'est là le moyen d'éveiller le patriotisme, si c'est là le moyen de sauver la France, l'empire y était aussi habile que vous ; il a même eu le mérite de l'invention. Pas n'était besoin de vous substituer à lui.

C'est bien là d'ailleurs la conclusion à laquelle arrivent et les fonctionnaires publics et les administrés. Et puisqu'il ne s'agit que de faire la même besogne, les mêmes hommes y sont aussi propres aujourd'hui qu'hier. S'il ne faut que prononcer le mot de Répuque, de temps en temps, ou moins encore, laisser tout simplement ce mot figurer en tête des actes publics, la chose n'est pas malaisée ; s'il est nécessaire de parler de liberté, on a encore des clichés tout faits, de fabrication impériale ; car sous aucun régime on n'a autant parlé de liberté que sous l'empire, et, depuis Persigny jusqu'à Ollivier, tous les ministres de l'empire ont fait retentir la tribune et les échos du pays de ce grand mot, avec lequel on fait suivre les foules trompées et égarées.

Que des hommes nouveaux sans antécédents politiques, et connus d'ailleurs par leur libéralisme plus ou moins républicain, se présentent aujourd'hui pour diriger les affaires de la République, soit ; c'est l'affaire des gouvernants d'apprécier la valeur de ces déclarations et le degré de confiance qu'on doit leur accorder ; mais que l'on confie les destinées du pays à ceux-là mêmes qui l'ont perdu et qui ont même l'outrecuidance d'attribuer tous nos malheurs aux républicains ; c'est là une faute qui confond l'imagination et qui offense le plus vulgaire bon sens ; c'est vouloir éterniser dans notre malheureux pays ces perpétuelles révolutions qui sont toujours faites et toujours à refaire.

Ces mots de liberté, libéraux, libéralisme prêtent trop aux malentendus et aux quiproquos. Toutes les protestations, toutes les assurances de dévouement à la République doivent être suspectes de la part des hommes qui faisaient les mêmes protestations et donnaient les mêmes assurances à l'empire.

N'avons-nous pas l'exemple de 1848, qui nous montre la foi que l'on doit avoir dans toutes ces belles promesses, et notre propre expérience ne nous servira-t-elle jamais !

Mais le temps n'est pas éloigné où nos administrateurs les plus aveugles verront l'abîme qu'ils ont creusé eux-mêmes sous leurs pas. Le mal est maintenant profond. La République est déconsidérée dans notre pays ; les républicains se taisent et se cachent ; les royalistes et les bonapartistes affichent hautement leurs espérances : ils n'en font plus un mystère nulle part. Ils veulent encore sauver le pays de la démagogie ; ils l'ont tant et si souvent sauvé, ce pauvre pays, qu'ils en ont pris l'habitude, et qu'ils veulent le sauver encore, le sauver toujours.

Eh bien ! non, ils ne le sauveront pas plus cette fois que les autres, et ils sèment de nouveaux germes de division qui, joints à tous ceux qui existent déjà, amèneront quelque jour un de ces épouvantables cataclysmes qui ébranlent le monde.

Limoges, 17 décembre 1870.

DES CHEFS !

La situation est éminemment critique. La lutte est engagée entre la France et la Prusse, entre la civilisation et la barbarie, entre la République et la monarchie, entre la liberté et la servitude.

Un malaise général a gagné tous les esprits ; les plus fiers courages sont amollis ; l'équivoque et la contradiction règnent partout.

On a de grandes choses à faire, et on emploie de petits moyens. Des dictateurs font de la conciliation. Des hommes qui ont pris le pouvoir souverain ont des scrupules de légalité. Celui qui peut faire et défaire des généraux, garde auprès de lui des Loverdo et des le Bastard. On gouverne à Tours ou à Bordeaux sous le canon ennemi, comme aux Tuileries au son des violons.

Les départements sont sans nouvelles ; les préfets restent sans ordres ; les fonctionnaires se réservent ou se prononcent ouvertement contre la République. Les journaux démocratiques sont remplis de cris de plainte et d'inquiétude ; les journaux réactionnaires sont triomphants. La presse républicaine est dans l'opposition, la presse orléaniste ou bonapartiste est ministérielle. Dans quel temps vivons-nous ?

Où allons nous ? — A notre perte assurément, si de prompts et énergiques remèdes ne sont appliqués au mal qui nous emporte.

La France possède encore des ressources immenses en hommes et en argent. Il faut savoir les mettre en jeu. L'élément démocratique serait encore tout puissant, s'il se sentait dirigé, fortifié, ou seulement soutenu.

Que faut-il donc pour nous sauver? — Quelques hommes, en très petit nombre, pour exciter partout le mouvement et la vie. Il nous faut des chefs, des chefs militaires et des chefs civils.

Lorsqu'un tiers de la France est envahi et ravagé, il ne s'agit plus de parader en bel uniforme, mais d'organiser une guerre sans trève ni merci.

Lorsque les monarchistes menacent ouvertement la République, on ne doit plus administrer du fond d'un cabinet, en collaboration avec d'anciens chefs de bureau de l'empire.

Avec la discipline militaire et le tempérament des Français, le sort d'une armée dépend de son général; celui d'un régiment de son colonel; celui d'une compagnie de son capitaine.

Avec la centralisation administrative et notre défaut d'initiative, l'opinion d'une commune dépend de son maire; celle d'un arrondissement, de son sous-préfet; celle d'un département de son préfet.

Faites donc table rase de tous les généraux de l'empire, et de tous les officiers qui n'ont pas donné ou qui ne sont pas prêts à donner des garanties solides à la République. Vous ferez des places pour les jeunes talents inconnus ou oubliés systématiquement par l'empire, et qui auront double intérêt à soutenir la République, faire leur chemin et sauver la France. Faites table rase de tous les fonctionnaires administratifs que nous a légués l'empire et qui peuvent avoir une action quelconque sur l'esprit public. Donnez des pouvoirs définis et très étendus à vos représentants immédiats dans les départements.

Prenez enfin vigoureusement la conduite des affaires ; ne reculez ni devant les réquisitions ni devant les emprunts forcés. Sans alarmer les consciences ni les intérêts légitimes, faites de l'argent, formez des hommes. Vous aurez une belle page dans l'histoire, et la patrie sauvée par vos soins vous en sera reconnaissante.

Limoges, 18 *décembre* 1870.

RÉPUBLIQUE ET EMPIRE.

Nos lecteurs ont pu remarquer ce matin dans nos colonnes un article d'un de nos abonnés, sous forme de lettre. Notre correspondant anonyme pense que la partie est aujourd'hui engagée entre la République et l'Empire, que les orléanistes et les légitimistes ne sont pas *actuellement hostiles* à la République, qu'ils reconnaissent que leur ennemi, comme le nôtre, est le bonapartisme, qu'ils ne veulent pas jouer le jeu de l'empereur et de sa dynastie, et qu'enfin ils seront assez bons citoyens pour ne pas fomenter la guerre civile. De là il conclut à une sorte de coalition contre l'ennemi commun, contre l'homme du 2 décembre et de Sedan.

Nous n'avons pas hésité à insérer cet article, bien qu'il ne réponde pas tout à fait à notre opinion personnelle, parce que nous sommes toujours disposé à accueillir un travail consciencieux, pourvu que les conclusions n'en soient contraires ni à nos principes démocratiques, ni au programme de la *Société de la Défense républicaine.* Nous nous réservons seulement le droit de réponse.

Notre correspondant ne doit pas être seul de son avis ; il peut sembler vrai à beaucoup d'esprits réfléchis, que la partie n'est engagée qu'entre l'Empire et la République : d'un côté, les journaux étrangers nous racontent toutes les menées de l'ex-empereur et de ses généraux, ses projets de traité avec le roi de Prusse, ses tentatives d'embauchage faites auprès des officiers français prisonniers, pour les attacher à sa cause. On sait d'ailleurs que la Prusse épuisée appelle de tous ses vœux la fin de la guerre, que la République ne traitera pas avec Guillaume, et que l'ex-empereur est prêt à signer la paix aux conditions les plus déshonorantes. D'après ces données, on peut craindre de voir *rentrer en France le Monsieur de Sedan à la tête de ses* 300 mille *victimes et à la queue de leurs bourreaux.*

Mais d'abord, qui pourrait croire que ces 300 mille Français prisonniers voulussent suivre la fortune de cet aventurier et prendre leur part de responsabilité dans l'acte odieux de marcher contre leur patrie, et dans toutes les exactions, les vengeances et les proscriptions qui seraient la conséquence inévitable de ce nouveau crime ? L'histoire peut nous offrir quelques exemples d'un semblable mépris de tout sentiment patriotique ; mais il a toujours fallu que le chef de ces entreprises audacieuses eût une valeur militaire incontestable, qu'il eût triomphé sur vingt champs de bataille, et qu'il fût parvenu à conquérir la confiance, l'estime de tous ses compagnons d'armes Sommes-nous ici dans ce cas ? Quelles sont les brillantes campagnes, quels sont les hauts exploits de cet illustre guerrier, dont toutes les étapes ont été marquées par le ridicule, le crime ou la honte ? Admettre qu'une armée de 300 mille Français accompagnât cet homme dans une nouvelle tentative contre la France qui le méprise comme son mauvais génie, ce serait faire gratuitement une sanglante injure à une armée malheureuse, qui a été trahie et vendue, mais qui n'a pas démérité de la France.

Mais en supposant que le roi de Prusse vainqueur nous imposât cette flétrissure de subir de nouveau ce bandit détesté, croyez-vous que la France, même vaincue, même désarmée, accepterait cette dernière honte ? Mais dans les grands centres, à Paris, à Lyon, à Marseille, à Lille et dans vingt autres villes, les pavés des rues se soulèveraient d'eux-mêmes pour écraser ce sinistre revenant.

Le poignard irait le chercher jusque dans ses palais, jusque dans son immonde alcôve, et la France se couvrirait de ruines et de sang.

Arrière donc ces funèbres images. Aucun Français ne peut y arrêter sa pensée sans horreur.

Non, nous ne sommes pas encore assez avilis pour accepter le retour d'un régime qui a commencé par le 2 décembre et qui a fini par Sedan et par Metz. Non, la partie n'est pas actuellement engagée entre la République et l'Empire ; elle est engagée entre la République et le principe monarchique ; mais comme les monarchistes ne sont aujourd'hui ni assez forts, ni assez unis ; qu'ils ne sont pas encore tombés d'accord sur leur formule et sur l'homme qui la représentera, ils s'abstiennent, se réservent, acceptent la

République, et s'arrangent pour la faire tourner à leur profit.

D'un autre côté, les classes déshéritées qui voient l'amélioration de leur condition toujours ajournée, toujours éloignée, toujours oubliée, s'impatientent et s'irritent. Leur patriotisme, que personne n'oserait mettre en doute, et leur bon sens, plus admirable encore, les préserveront, nous en sommes convaincu, au milieu des dangers de la patrie et de la souffrance universelle, des emportements et des colères. Elles croiront sur la foi de leurs amis et d'après la marche de l'humanité, que le temps n'est pas loin où les questions sociales seront étudiées et résolues. Il y a dix-huit cents ans, leur dirons-nous, que vous attendez le règne de la justice et de la fraternité, tant promis par le christianisme, vous pouvez bien attendre encore quelques années.

Nous comptons certainement, en toute confiance, sur leur bon sens et sur leur patriotisme, pour qu'elles ne compromettent pas leurs propres intérêts par des revendications inopportunes et violentes de leurs droits méconnus. Mais enfin, qui peut répondre de la sagesse humaine, et n'avons-nous pas vu tout récemment encore, sous le feu de nos ennemis, des dissensions regrettables et qui pouvaient avoir de terribles conséquences ?

Nous voyons donc un double écueil pour la République actuellement : d'un côté, le principe monarchique, et, de l'autre, la démagogie, pour lui donner le nom que les réactionnaires aiment tant. Mais ces deux ennemis ne changeront pas le nom de République. En sorte que nous dirions volontiers que la partie est engagée entre la République et la République, entre la bonne et la mauvaise, entre la République vraie, celle de toutes les libertés; et la République fausse, celle de tous les mensonges ou de toutes les violences.

Limoges, 20 décembre 1870.

LA PAIX OU LA GUERRE.

Au milieu de la variété des opinions, de la contradiction des actes et de la singularité des alliances, tous les habitants de notre malheureuse France, grands ou petits, riches ou pauvres, instruits ou ignorants, cléricaux ou libres-penseurs, monarchistes ou républicains, énergumènes ou indifférents, tous sont d'accord sur un point : le danger que court notre patrie commune. Mais les uns sont encore pleins de confiance dans le succès, les autres en désespèrent ; les uns veulent qu'on tente un suprême effort, les autres veulent qu'on abandonne la partie ; en un mot, les uns veulent la GUERRE et les autres veulent la PAIX.

Examinons froidement les conditions de possibilité de l'une et de l'autre, et les conséquences immédiates ou lointaines de la conclusion de la paix ou de la continuation de la guerre.

Est-il possible de signer la paix demain ? Dans ce cas, à quelles conditions la ferons-nous ? Avec qui la Prusse voudra-t-elle traiter, et qui aura mandat pour stipuler au nom de la France ?

Le roi Guillaume ne paraît pas disposé aujourd'hui

à nous offrir la paix. Faut-il que le Gouvernement de Bordeaux la demande directement ou la fasse demander diplomatiquement par l'intermédiaire d'une puissance neutre? Après cette démarche humiliante, quelle serait la situation, quelle serait l'autorité morale d'un gouvernement qui a juré de ne céder *ni un pouce de notre territoire, ni une pierre de nos forteresses?* Cette solennelle déclaration a été faite aux applaudissements de la France entière, et ces applaudissements ont retenti chez tous les peuples du monde. Les mêmes hommes pourraient-ils ainsi mentir à la fois à leur origine et à leurs serments?

Dans des temps moins troublés, ou si la rapidité foudroyante des événements n'avait pas rendu impossible la convocation d'une Constituante et l'organisation d'un gouvernement régulier, les ministres responsables consulteraient la France, et si son opinion avait vraiment changé, ils laisseraient à d'autres le soin de signer la déchéance de notre pays.

Mais aujourd'hui, comment peut-on concevoir la pensée d'une démission collective de Gambetta, de Trochu, de Jules Favre, de Jules Simon, de Pelletan et autres? Qui les remplacerait, et comment procéder à leur remplacement? Paris devrait-il seul élire de nouveaux dictateurs? Mais Paris tient à son gouverment provisoire, et Paris veut la continuation de la guerre. Confierait-on ce soin à la province? Mais par quelle voie, par quels moyens? Quels sont les candidats? Où sont les hommes de la situation? Les questions, les impossibilités se dressent à chaque pas. Ce serait la confusion de Babel, ce serait le chaos.

Croit-on qu'on se tirerait d'embarras en procédant aux élections d'une Assemblée constituante, d'une Assemblée provisoire? — Mais combien faudrait-il de temps pour cela? Que d'activité, que d'efforts, aujourd'hui tournés vers la défense nationale, seraient détournés vers les élections! L'Assemblée pourrait-elle être constituée avant six semaines, avant deux mois? Quel serait le nombre de ses membres? Combien d'électeurs, mobiles, mobilisés, francs-tireurs ou autres ne pourraient prendre part à ces élections? Les députés de Paris seraient-ils exclus? Ceux des départements envahis seraient-ils les représentants de l'opinion de ces départements? Combien d'influences auraient pesé sur ces choix! Quelle valeur morale aurait une résolution quelconque émanant d'une telle Assemblée, et surtout une résolution engageant les destinées de la France?

Supposons cependant qu'une Assemblée élue dans les conditions les moins désastreuses possible, ou un gouvernement représentant plus ou moins les volontés du pays, vînt conclure demain la paix avec l'Allemagne? Peut-on bien se faire illusion sur les conditions impitoyables qu'imposerait le vainqueur? La perte de l'Alsace et de la Lorraine, qui veulent rester françaises, le démantèlement de toutes nos forteresses, qui forment notre seule barrière contre nos ennemis du Nord; une indemnité de plusieurs milliards, qui grèverait la France d'impôts pendant bien des années; une occupation militaire d'une partie de notre territoire jusqu'au payement intégral de notre dette; tous ces maux, qu'un Français ne peut entrevoir qu'avec la douleur dans l'âme, ne seraient rien encore devant l'abaissement, l'avilissement, la dégradation, l'annihilation de notre malheureuse patrie.

Ah! oui, certainement, dès le mois prochain, vous vendriez mieux vos bestiaux et vos denrées, habitants des campagnes! Votre commerce et vos manufactures reprendraient faveur, habitants des villes! Vous auriez du travail, ouvriers de toutes les professions, qui souffrez aujourd'hui de la misère! Vous reverriez bientôt vos enfants, vos maris et vos frères, mères, femmes et jeunes filles! Mais la France serait à jamais déshonorée, la France subirait la loi de l'étranger; elle tomberait du premier au dernier rang des nations, et vos arrière-neveux ne lui verraient peut-être pas reprendre sa place dans le monde.

Quels plus grands malheurs pourrait nous attirer la continuation de la guerre? Et de quelle brillante auréole nouvelle ne brillerait pas la France si elle sortait victorieuse de cette lutte gigantesque!

Qu'est-ce qui manque d'ailleurs à la France pour vaincre? Ses ressources sont-elles épuisées? Voyez les millions que les villes occupées versent entre les mains des Prussiens. Les hommes manquent-ils? Nous avons en ligne trois ou quatre armées nombreuses avec une multitude de mobiles et de francs-tireurs; nos mobilisés s'organisent rapidement et pourront sous peu de jours entrer en campagne. Nous aurons bientôt, nous avons déjà à opposer aux Prussiens plus de soldats qu'ils n'en ont jeté sur la France. Et nous combattons chez nous, et les populations, aujourd'hui terrifiées, peuvent, à un moment donné, changer une défaite de nos ennemis en un carnage affreux, en une extermination complète.

Qu'est-ce donc qui nous manque? — Deux choses: — en premier lieu, des chefs, des généraux qui ne soient ni incapables, ni lâches, ni traîtres, comme les Palikao, les Bazaine, les Lebœuf, les de Failly, les Polhès, les d'Aurelles, les Morandi, les Sol; — et, en second lieu, le feu sacré républicain qu'on devrait développer, entretenir, nourrir, exciter et identifier avec l'amour de la patrie et l'amour de l'humanité, et que par incapacité, par mollesse, par fausse appréciation de la situation, par un désir trop naïf de conciliation, par un véritable suicide, on a laissé s'affaiblir, se dissiper, s'évanouir, s'éteindre un peu partout, et principalement dans les campagnes.

Mais ce double mal est-il sans remède ? Est-il trop tard pour reprendre d'une main ferme et énergique les rênes flottantes du pouvoir, et pour arborer le drapeau de la République, de la Révolutian et de la guerre ?

Non, il n'est pas trop tard ; en France et chez les peuples virils, malgré les fautes commises, et malgré des désastres inouïs, il n'est jamais trop tard pour agir, pour se relever et pour vaincre. Si les généraux formés par l'empire ne sont pas à la hauteur de leur nouvelle mission, qu'ils disparaissent de la scène, et laissent la place libre aux colonels, aux commandants, aux capitaines. Il est impossible qu'il ne surgisse pas parmi ces nouvelles générations d'officiers, des chefs capables, intrépides et vraiment républicains. Ils se seraient déjà révélés, si le ministère de la guerre n'était entre les mains des Loverdo et des le Bastard qui, naguère dévoués à l'empire, jugent les officiers de l'armée d'après les dossiers laissés par l'empire.

La première satisfaction que réclame l'opinion publique est dans l'épuration des bureaux de la guerre, et la disparition complète de l'élément monarchique qui y domine.

Il faut en outre réveiller au plus tôt le patriotisme des campagnes. Il faut que les préfets, abandonnant leurs errements, repoussent toute alliance compromettante avec les débris de tous les régimes déchus, qu'ils s'appuient sur la démocratie, qu'ils se mettent en rapports étroits avec les sociétés républicaines de leurs départements, qu'ils prennent immédiatement quelques mesures non équivoques, pour rassurer d'abord, puis pour ranimer l'opinion publique démocratique. Quinze jours, huit jours suffisent pour ramener auprès des préfets, pour grouper autour d'eux toutes les forces vives de la nation, et alors la France se reprendra à espérer, deviendra capable de grandes choses, et triomphera de ses ennemis.

N'oublions pas d'ailleurs que Paris nous attend, que Paris nous appelle. Le laisserons-nous lutter seul contre le canon, la mitraille, l'incendie et la faim? Il ne se rendra pas, soyez-en sûrs ; et des centaines de mille de ses paisibles ouvriers, de ses pacifiques bourgeois, couvriront de leurs cadavres les plaines et les bois de la banlieue, témoins jadis de leurs folles gaietés, ou s'enseveliront derrière les dernières barricades formées des débris des dernières maisons, plutôt que de voir de nouveau le sol sacré de Paris foulé par les chevaux des hordes germaniques.

La France entière se doit donc à Paris, qui nous donne l'exemple et nous montre notre devoir.

Qu'on songe d'ailleurs aux sacrifices que fait l'Allemagne pour continuer cette guerre impie, aux misères qu'elle inflige à ses populations aussi ruinées que les nôtres, à l'impossibilité où elle va être de tirer de son sol de nouveaux soldats, à l'irritation croissante de ces peuples sacrifiés à l'ambition d'un roi, au cri d'indignation que toute cette fureur guerrière arrache au monde civilisé ; et l'on trouvera dans tous ces faits des motifs puissants pour continuer une lutte qui, définitivement, tournera à notre avantage et à notre gloire éternelle.

LES PLAINTES DES JOURNAUX DÉMOCRATIQUES.

C'est avec un sentiment de tristesse et de douleur que nous ouvrons tous les matins les journaux démocratiques de tous les coins de la France. Il semble que nous soyons revenus aux beaux jours de l'empire. Ce ne sont que regrets, que plaintes, qu'attaques contre la mollesse du gouvernement, contre l'inaction de nos généraux, contre le laissez-faire des administrateurs. Les organes les plus autorisés du parti républicain, ceux que la démocratie reconnaissait pour ses représentants les plus éclairés, les plus sincères, les plus éloquents et les plus honnêtes, tous passent insensiblement dans le camp de l'opposition, et l'on va revoir cet étrange phénomène, renouvelé de 1848 et 1849 : les préfets de la République soutenus et défendus par les journaux monarchiques.

Seulement, en 1848, nous n'avions pas notre territoire envahi, Paris assiégé, et 300 mille prisonniers en Allemagne. Nous jouons aujourd'hui plus gros jeu, et il ne faudra pas trois ans à nos adversaires pour engloutir ensemble et la République et la France.

Limoges, 22 décembre 1870.

LE CRIME DE LYON.

Nous avons appris avant-hier soir, comme un grand nombre de personnes, que la préfecture venait de recevoir une dépêche télégraphique annonçant un attentat odieux commis sur un commandant de la garde nationale de Lyon.

La France entière, et la démocratie plus particulièrement, s'associera au sentiment de stupeur qu'a manifesté la ville de Lyon devant un crime aussi affreux. La justice informe, et il n'appartient à personne de préjuger son verdict, ni d'atténuer ou d'étendre la culpabilité des auteurs de ces actes; mais le fait seul de la condamnation à mort et de l'exécution d'un citoyen par d'autres citoyens non revêtus par la loi du caractère sacré de juge, est un acte éminemment criminel, et que la conscience humaine réprouve et flétrit.

Nous ne marchanderons jamais les expressions les plus énergiques pour stigmatiser la stupide férocité des malheureux parias de la civilisation, ou les machiavéliques horreurs provoquées par les ennemis de la France et de l'humanité; mais nous demandons, au nom de la justice et de l'honneur des partis politiques, que nos adversaires ne rendent pas la démocratie responsable de tels attentats, même quand ils seraient commis par des hommes se drapant dans les plis du drapeau républicain.

Non, ces hommes ne sont pas des républicains; non, ils ne sont pas des nôtres : ce sont nos plus cruels, nos plus dangereux ennemis.

Ah! si la France avait reçu depuis longtemps la forte éducation des peuples libres, si elle avait la pleine possession d'elle-même, si l'instruction avait vivifié jusqu'aux derniers rameaux de la famille française, un tel crime nous affligerait encore profondément, mais il ne nous inquiéterait pas. Dans tous les pays, les époques tourmentées font surgir des forcenés que la raison n'éclaire plus, que la passion seule domine, et qui commettent inconscients les forfaits les plus odieux. La France entière, dans ce cas, s'écrierait : ce ne sont ni des républicains, ni des monarchistes; ce sont des monstres, et elle reprendrait avec sérénité l'œuvre de sa délivrance.

Hélas! en sera-t-il ainsi? Nous n'osons l'espérer. Et cependant, par une singulière coïncidence, la France entière accorde aujourd'hui au milieu de ses préoccupations poignantes, une attention indignée aux débats de l'affaire d'Hautefaye. Là aussi des cannibales ont frappé, assommé, puis fait brûler encore vivant un malheureux jeune homme coupable du crime de n'avoir pas voulu crier... *Vive l'empereur!*

Voit-on pourtant les journaux démocratiques accuser les impérialistes en masse d'avoir des instincts sanguinaires, et de provoquer de semblables scènes de sauvagerie? Non! il n'est aucun parti politique qui inscrive sur son drapeau le meurtre et l'assassinat. C'est déjà trop, et ce n'est pas le parti républicain qui est coupable de ce trop long oubli des lois de la morale, d'avoir accepté un pouvoir qui ne s'était établi que par le vol, le parjure et le sang!

Limoges, 27 décembre 1870.

LA DISSOLUTION DES CONSEILS GÉNÉRAUX

Hier, nous avons annoncé la démission, plus ou moins volontaire, du marquis de Loverdo comme directeur général de l'infanterie et de la cavalerie. Aujourd'hui, nous publions un décret de la délégation de Bordeaux qui dissout les conseils généraux et les remplace par des commissions départementales à la nomination des préfets.

Il semble que nous entrions dans une voie toute nouvelle, que nous serions les premiers à blâmer énergiquement si nous vivions dans un temps normal et à l'abri d'institutions républicaines régulièrement organisées ; mais, à l'heure qu'il est, le salut de la France, compromis par Bonaparte et par tous ceux qui lui ont prêté leur concours, exige impérieusement des mesures exceptionnelles et extra-légales.

Le Gouvernement provisoire a bien pu, sans soulever d'opposition dans le pays, dissoudre le Corps législatif, le Sénat, le Conseil d'État. Il peut donc aussi dissoudre les conseils généraux, et se passer d'un concours qui ne pouvait être que nuisible ou de pure forme, dans tous les cas inutile. Si les conseils généraux de l'empire avaient voulu résister aux volontés des préfets et des ministres de la République, quel cas aurait fait le Gouvernement de cette opposition? Et si les conseils généraux de l'empire avaient accepté toutes les propositions des préfets et des ministres de la

République, quel cas l'opinion publique aurait-elle fait des conseillers eux-mêmes?

Il était donc urgent, à la veille du jour où les préfets vont être appelés à prendre d'office, et sous leur responsabilité, les mesures rendues nécessaires par le péril de la patrie et par le mauvais vouloir des capitalistes, de rejeter dans l'ombre ces conseillers issus des candidatures officielles, qui ont grevé pendant vingt ans, par leur complicité aveugle et coupable, tous les budgets départementaux, et qui seraient aujourd'hui incapables de trouver quelques millions pour sauver la France, conduite par eux au bord de l'abîme.

Limoges, 30 décembre 1870.

PETITE POLITIQUE ET PETITS PRÉFETS.

Les hommes à courte vue, les petits esprits, les *grincheux* se font une singulière idée de la politique. Ils s'imaginent que, pour gouverner et pour administrer, il faut non-seulement un grand fonds d'honnêteté, d'esprit de justice et d'impartialité, mais encore une instruction solide, la connaissance des hommes, des convictions inébranlables et le talent de les communiquer, l'amour du bien public, la passion de l'action, l'art de tout animer autour de soi, de relever les courages, d'enflammer les cœurs, la fermeté et la bonté, l'austérité et la délicatesse, le talent d'inspirer la confiance à tous et de se faire estimer et aimer. C'est là la petite politique, qu'une minorité turbulente et factieuse voudrait imposer à nos gouvernants, à nos administrateurs, comme si la République avait été proclamée pour mettre le cœur à droite, et pour refondre l'admirable système administratif que nous a légué l'empire !

Non, tout était mal sous l'empire, cela est évident; les journalistes nous le disaient assez; seulement, du moment que les mêmes choses se passent sous le couvert de la République, et que ce sont ces mêmes journalistes, devenus préfets, qui emboîtent le pas de leurs prédécesseurs, tout est bien. Toutes les fonctions publiques seront laissées aux impérialistes et aux plébiscitaires; ils reprendront tranquillement leur œuvre de démoralisation, un moment interrompue par la *catastrophe* du 4 septembre; ils prépareront les voies à une nouvelle restauration, avec cet esprit de sagacité, de clairvoyance et de profonde sagesse qui leur avait montré dans l'institution de l'empire la suprême garantie de l'ordre social. Les bureaux des préfectures et des sous-préfectures continueront à entasser des monceaux de paperasses, les employés à griffonner du papier blanc, à remplir des cadres, des tableaux artistement ordonnés, et à puiser les considérants des arrêtés préfectoraux dans l'arsenal des lois et règlements de l'empire; les préfets, enfermés au fond de leur cabinet, continueront à travailler quinze ou dix-huit heures par jour, les pieds sur leurs chenets, développeront une activité fiévreuse à compulser des documents, des mémoires, des rapports, des lettres confidentielles, des réclamations, des demandes d'emploi, des dénonciations, des projets de défense, des plans d'impôts, d'emprunts, de souscriptions, de loteries, que sais-je encore? Et l'eau continuera à couler dans la rivière, et rien n'aboutira, et tous ces grands efforts auront été faits en pure perte, et la réaction avancera toujours son travail de mine souterrain, et la République sera calomniée, et elle deviendra le bouc émissaire de tous les péchés d'Israël, et les adhésions à la République seront retirées, et les républicains un peu tièdes passeront à la réaction, et les plus convaincus tiendront prêts leurs carabines et leurs revolvers, car ils ne veulent plus du tout retourner à Londres, à Cayenne ou à Lambessa, et la hideuse guerre civile remontrera sa face livide, et la France sera livrée aux factions, et l'homme infernal de Sedan ricanera encore dans son palais somptueux de Wilhemshœhe.

Voilà ce que nous promet cette politique de pygmées qui ne veulent pas comprendre que le sol tremble en Europe; que des époques comme celle que nous traversons demandent des actions éclatantes et des cœurs d'airain pour les accomplir; que nos chefs doivent payer de leurs personnes, faire le sacrifice de leur vie, de leurs familles, de leurs positions, de leurs traitements, ou rentrer dans l'obscurité de la vie privée.

La critique est aisée, dira-t-on, mais l'art est difficile; et nous voudrions voir à l'œuvre ces faiseurs impitoyables de critiques perpétuelles. Que feraient-ils de mieux? Comment lutteraient-ils contre la force des choses, contre l'indifférence, les préjugés, l'égoïsme des populations dévoyées et accablées de lassitude?

Ah! précisément, il ne fallait laisser ni se développer, ni naître cette lassitude, ce marasme, cette torpeur qui nous enveloppe aujourd'hui et qui nous étreint.

Voici, à notre avis, ce qu'aurait dû faire un préfet républicain :

Le premier jour de son arrivée, il aurait pris un arrêté pour révoquer, sans aucune exception, tous les fonctionnaires qui sont à sa nomination, et il aurait invité tous ceux qui tenaient à leurs charges, et qui n'étaient pas compromis par leurs actes sous l'empire, à venir lui donner l'assurance verbale, mais positive, qu'ils prêteraient un concours loyal à la République, et à la République démocratique. Il aurait alors rétabli à leurs postes tous ceux qui lui auraient offert des garanties solides de capacité et de moralité.

Il aurait ensuite sommé tous les fonctionnaires placés en dehors de son autorité, dont les agissements impérialistes et plébiscitaires étaient notoires, de donner sous huit jours leurs démissions, les menaçant de provoquer auprès du pouvoir central leur destitution ; et, en attendant, il s'en serait tenu rigoureusement avec eux aux communications officielles et écrites.

Il aurait fait connaître, à son de trompe, qu'il n'acceptait le concours d'aucun partisan d'une des monarchies déchues et il n'aurait jamais été visible pour eux.

Il aurait d'abord consigné à sa porte tous les journalistes manifestement hostiles à la République, quel que fût le masque dont ils se seraient couverts, et il aurait prié les rédacteurs des journaux républicains de lui rendre le moins de visites possible, dans l'intérêt de leur indépendance, et de la liberté de leurs critiques.

Mais alors, nous dira-t-on, il serait resté seul, et il n'aurait su se conduire dans une nuit obscure, sans lumière et sans guide. Ah ! quelle étrange erreur révèle cette objection !

Allez demander aux administrateurs de la République sur qui ils s'appuient aujourd'hui, 30 décembre 1870; ils diront sur quel sol mouvant ils marchent, quels sont leurs embarras, leurs perplexités, leurs craintes. Les républicains s'éloignent d'eux et rentrent sous leurs tentes, silencieux, inquiets, et rongeant leur frein à la vue de tant d'impéritie, de tant de lenteurs, de tant de gaspillages, et surtout de tant de compromis funestes.

Est-il temps encore de remédier au mal qu'on a laissé croître et empirer, qu'on a entretenu soi-même? Nous ne savons au juste; ce que nous croyons, c'est que quelques fautes de plus nous mèneront à l'abîme; mais nous croyons aussi que de cet abîme, creusé sous leurs pieds par les républicains de cabinet, la France sortira un jour triomphante et régénérée; et cela nous console un peu, quoiqu'il soit dur d'entrevoir par quels malheurs, par quelles épreuves une politique puérile nous condamnera à passer encore?

Pour sauver la France et la République, il fallait des hommes d'action, et non des hommes de bureau. Ceux-ci ont su faire le vide autour d'eux.

Voici comment un préfet républicain aurait dû grouper autour de lui une force puissante qui aurait été en croissant indéfiniment:

Laissant de côté toute la paperasserie bureaucratique, il aurait appelé auprès de lui tous les hommes de quelque valeur morale et intellectuelle, ayant appartenu au parti démocratique; il en aurait fait un conseil permanent, auprès duquel il aurait puisé tous ses renseignements. Il aurait immédiatement établi des relations régulières avec les présidents et les comités des sociétés démocratiques existant dans le pays; il aurait provoqué la création de nouvelles sociétés ; il les aurait rendues le plus nombreuses possible, il aurait tenu à en faire partie, à assister à leurs séances, assez souvent pour les encourager et leur donner quelques conseils, mais pas assez pour paraître exercer sur elles une pression morale.

Levé de bonne heure, il aurait été chaque jour visiter les ateliers, les chantiers communaux, les mobiles, les francs-tireurs, les mobilisés dans leurs campements, dans leurs exercices, dans des revues fréquentes. Il aurait voulu tout voir par lui-même, rassurer les uns, consoler les autres, encourager à droite, exciter à gauche, animer de son zèle et de son ardeur chefs et soldats, administrateurs et administrés.

Prenant aujourd'hui le chemin de fer, demain une voiture, après-demain le coche, le jour suivant un cheval ou un bâton, il aurait parcouru toutes les localités de son département, stimulant les sous-préfets, les maires, les commandants des gardes nationales. Présent partout, connu de tous, mêlé au peuple et au paysan, il aurait écouté les plaintes, réparé les torts, provoqué des souscriptions, créé des travaux, organisé la défense ; il aurait fait aimer la République dans son représentant, et au jour du danger, au jour des difficultés, il aurait trouvé l'appui de toute une population dévouée, fière de son préfet et d'un gouvernement juste, honnête et réparateur.

Voilà comment on doit gouverner, voilà comment on devait sauver la France et la République. On aime mieux se couvrir des oripeaux de l'empire et s'abriter derrière la législation de cette époque néfaste. Alors, qu'on nous ramène aux carrières, et qu'on nous rende le Bonaparte au plus vite.

Limoges, 10 janvier 1871.

LES SOURDS ET LES AVEUGLES.

Il n'est de pire sourd que celui qui ne veut pas entendre. C'est un proverbe connu, auquel on peut ajouter celui-ci : *il n'est de pire aveugle que celui qui ne veut pas voir.* Un enfant que l'on gronde et un mari auquel sa femme demande une vingtième robe, sont les deux types domestiques de ce genre d'infirmes. De tels sourds et de tels aveugles, on en trouve partout et dans tous les temps ; mais aux époques troublées comme la nôtre, leur nombre se multiplie de manière à devenir une véritable calamité. Il vous devient à peu près impossible de parler à un voisin, pour peu qu'il ne soit pas votre intime. Non, dit-il à chaque instant, non, je ne vois pas, je ne comprends pas.

Nous en avons fait tous, ces temps-ci, l'expérience la plus convaincante.

Nous avions cru apercevoir la réaction, qui s'était à peine tenue tranquille pendant quelques jours après le 4 septembre, relever doucement la tête, puis la redresser avec aisance, puis se promener fièrement avec des airs de hauteur et de protection. Nous avons voulu signaler à l'attention publique cette légère métamorphose, en rechercher les causes, et avertir du danger avant que le mal ne fût incurable.

— La réaction, nous a-t-on répondu, où voyez-vous cela ? Dans votre imagination troublée ? Vous vous battez, mon ami, contre des moulins à vent. Il n'y a pas plus de réaction dans les campagnes que dans votre main. Erreur! billevesées! contes bleus! Soignez-vous, vous êtes malade.

Dire que nous fûmes convaincu par ce beau raisonnement serait tout à fait le contraire de la vérité. Nous continuâmes donc notre campagne contre cette invisible réaction.

Mais en voilà bien d'une autre. Cette fois, c'est une autre chanson.

— Réaction, dites-vous? Qu'est-ce que c'est que ça? Définissez d'abord, définissez.

Nous définîmes donc, et nous appelâmes réactionnaires : premièrement tous ceux qui ne voulaient à aucun prix de la République, et ensuite tous ceux qui acceptaient le mot, pourvu que le chose disparût.

— Fi donc, mon cher, mais vous n'êtes pas fort du tout. Qui diable voulez-vous qui comprenne cet assemblage de mots? Ce n'est ni de la prose, ni des vers; ça n'a aucun sens; c'est un logogriphe, c'est un rébus. Nous ne pouvons vous répondre. Parlez d'abord un langage intelligible. Ouvrez au moins le dictionnaire de l'Académie, puisque vous avez si peu d'études; vous y trouverez la définition suivante : RÉACTION, se dit d'un parti politique qui, vainqueur à son tour, exerce sur ses adversaires des représailles ou des vengeances. Voilà au moins qui est clair, mais voilà aussi qui vous condamne; car, dites-moi s'il vous plaît, où voyez-vous s'exercer les représailles des légitimistes ou les vengeances des bonapartistes? Ils n'ont encore envoyé personne à l'échafaud ni à Cayenne. Donc, point de réactionnaires, et vous êtes réduit au silence. Ah! si, cependant; réflexion faite, il y a des réactionnaires; j'aperçois un parti triomphant qui se venge, et avec violence : Flourens, à Paris ; l'assassin de Gent, à Marseille ; ceux d'Arnaud, à Lyon ; voilà autant de gens qui rentrent dans la définition de l'Académie, et voilà, voilà les vrais réactionnaires. Êtes-vous assez confondu ?

Nous ne savons si nos lecteurs auraient fait comme nous, mais nous ne nous trouvions point confondu du tout et nous continuâmes notre polémique.

Nous étions destiné à voir un troisième changement de front et à subir un autre genre d'argument, d'une force irrésistible.

— Nous voyons enfin ce que vous voulez dire par réactionnaires. Vous entendez par là tous ces honorables fonctionnaires du régime impérial, tous ces propriétaires, commerçants, industriels, capitalistes, qui allaient chercher le mot d'ordre à la préfecture, et faisaient voter les populations ignorantes pour le candidat officiel ou pour le plébiscite régénérateur et sauveur. Eh bien ! que leur voulez-vous ? Est-ce que la République leur a fait perdre leur qualité de citoyens ? Est-ce qu'ils n'ont pas la liberté d'exprimer leurs opinions devant leurs ouvriers, devant leurs paysans, devant leurs domestiques, dans la rue même et sur la place publique ? S'ils n'aiment pas votre République, c'est votre faute ; il fallait la rendre plus aimable. Mais vous épouvantez par vos réclamations insensées, par votre besoin immodéré d'argent, par votre levée de tous les hommes valides, par vos réquisitions, par vos arrêtés et vos décrets qui ne respectent rien ; ne voudriez-pas encore nous forcer à vous prêter le peu d'argent qui nous reste ? Et comment pourrions-nous satisfaire les Prussiens, s'ils arrivaient ? Nous croyez-vous si fous que de nous dépouiller entièrement... pour vous ?

Eh ! non, nous ne voulons pas tant de choses ;

nous ne voulons pas vous dépouiller tant que cela. Nous sommes gens à vous laisser une poire pour la soif. Nous vous disons seulement : vous avez gouverné la France pendant dix-huit ans, vingt ans, voyez ce qu'elle est devenue. Ne serait-il pas temps de reconnaître que vous n'y entendez rien, et de laisser la place à d'autres, qui ne pourront, dans aucun cas, être moins habiles que vous, ni commettre des fautes aussi funestes ?

— Dieu du ciel ! que nous proposez-vous là ? Abandonner la France, notre chère France, à la direction de ces vampires de républicains, de ces gueux de démocrates. Oh ! non, jamais, jamais ! n'y comptez pas.

Mais si le peuple, impatienté à la fin de tout ce mauvais vouloir et de l'ajournement indéfini, par votre faute, des améliorations les plus légitimes qu'il réclame depuis si longtemps, finissait par se mettre en colère et par vous regarder de travers, cela ne vous ferait-il pas réfléchir ? Ne vaudrait-il pas mieux y penser tout de suite ?

— Non, qu'il y vienne, votre peuple, on le recevra !

Quelle tâche, mes amis, que de chercher à faire entendre raison à de tels sourds, et à ouvrir les yeux à de tels aveugles ! Quelle tâche ! et cette tâche est la nôtre.

Limoges, 11 *janvier* 1871.

LA LIBERTÉ DE LA PRESSE.

Nous avons annoncé, comme tous les journaux, la suspension de l'*Union de l'Ouest* et de l'*Ami du Peuple*, par un arrêté du préfet de Maine-et-Loire. Beaucoup de bruit s'est fait autour de cette mesure, qui rappelle trop, *a priori*, les mauvais jours de l'empire. Les adversaires de nos nouvelles institutions jettent naturellement feu et flamme, trop heureux de pouvoir établir des comparaisons, qu'ils jugent peu flatteuses pour la République.

Nous connaissons cette tactique, et cet amour immodéré de la légalité et de la liberté dont ils font parade au jour où ils sont frappés à leur tour, tandis qu'ils n'avaient pas assez d'admiration pour les mesures qui les débarrassaient naguère des journaux et des journalistes dangereux.

Toutefois, et quel que soit le mobile qui les anime, dès qu'ils invoquent le grand principe démocratique de la liberté, ils ont le droit d'être écoutés dans leurs plaintes, et il est du devoir de la presse indépendante et républicaine de se prononcer sur la question.

Pour nous, nous saisissons avec empressement la première occasion qui se présente d'affirmer nos sentiments en matière de liberté de la presse, et nous le ferons sans faiblesse, sans ambages et sans détours. Mais avant de nous prononcer, mettons sous les yeux de nos lecteurs les pièces du procès.

Voici l'arrêté du préfet d'Angers, avec ses considérants :

Nous, préfet de Maine-et-Loire,

Considérant que, dans son numéro du mardi 27 décembre, le journal l'*Union de l'Ouest* a publié, sous la signature : A. DE CUMONT, un article intitulé *Dissolution des conseils généraux*, qui se termine par ces lignes :

« Nous déclarons tenir pour illégal, pour attentatoire à la liberté, pour injurieux à la nation, le décret qui dissout les conseils généraux sans faire immédiatement appel aux électeurs ; nous invitons les citoyens à ne pas le reconnaître et à protester énergiquement contre un acte à tous les points de vue injustifiable. »

Considérant que, dans son numéro du mercredi 27 décembre l'*Union de l'Ouest* a publié un deuxième article, sous le même titre et à la même signature, dans lequel se trouvent les phrases suivantes :

« C'est pourquoi, au nom de ce principe indestructible qu'il n'y a pas de droit contre le droit, nous tenons pour nul et de nul effet le décret de la légation gouvernementale qui dissout les conseils généraux et les remplace par des commissions de son choix et de sa fabrique, au lieu de faire appel immédiatement aux électeurs.

» Nous disons que ce décret ne peut rien contre les droits antérieurs et supérieurs de la nation, rien contre la volonté des contribuables, rien contre l'autorité du suffrage universel.

» Et il suit de là que les conseils généraux ne sont point dissous et qu'ils subsistent toujours, et qu'ils continuent d'être les seuls et vrais mandataires du peuple français, jusqu'à ce qu'un nouveau scrutin leur ait donné légalement et régulièrement des successeurs.

» Conseillers généraux, ne vous laissez pas intimider ni ébranler ; résistez à la mesure illégale qui nous frappe en vous frappant... »

Considérant qui ces deux articles constituent une provocation à la désobéissance aux décrets du Gouvernement de la défense nationale, et une excitation à la guerre civile, d'autant plus criminelle qu'elle se produit dans un département menacé par l'invasion;

Considérant que le journal l'*Union de l'Ouest* s'est ainsi rendu coupable de connivence avec l'ennemi et de trahison envers la patrie en danger;

Vu l'arrêté, en date du 25 novembre dernier, rendu par l'autorité militaire, par lequel le département de Maine-et-Loire a été déclaré en état de guerre;

Vu la dépêche du ministre de l'intérieur, en date d'hier, 29 décembre, par laquelle nous sommes autorisé à prononcer contre le journal l'*Union de l'Ouest* une suspension de deux mois;

Arrêtons :

Art. 1er. Le journal l'*Union de l'Ouest* et le journal l'*Ami du Peuple*, qui n'en est qu'une reproduction hebdomadaire avec même gérant, même rédacteur et même imprimerie, sont suspendus pour deux mois.

Art. 2. L'imprimerie établie rue Saint-Gilles, nº 6, propriété du journal l'*Union de l'Ouest*, et spécialement affectée à son impression, ne pourra publier aucun écrit politique pendant la durée de la suspension du journal. En cas de contravention, cette imprimerie sera mise sous scellés.

Art. 3. Le présent arrêté sera affiché dans toutes les communes du département.

Art. 4. M. Morel, commissaire de police, est chargé de notifier à M. de Cumont, auteur des articles, et à M. de Stofflet, gérant du journal, le présent arrêté et d'en assurer l'exécution immédiate.

Angers, le 30 décembre 1870.

Le préfet de Maine-et-Loire,

Signé : M. Engelhard.

Si nous vivions sous l'empire d'une législation républicaine régulièrement établie, la question ne pourrait être douteuse, ou plutôt il n'y aurait plus de question ; car la liberté absolue, totale, illimitée de la presse serait consacrée, et aucun préfet de la République n'aurait eu la pensée de porter la moindre atteinte à cette liberté.

Mais nous sommes sous un régime transitoire, consacré seulement par l'assentiment tacite de la grande majorité des Français. Quelles sont les limites des pouvoirs ainsi absorbés par les membres de la délégation de Bordeaux ? Nul ne saurait le dire au juste, et ils doivent puiser dans leur conscience et dans le sentiment de l'immense responsabilité qui pèse sur eux, la résolution de prendre ou d'écarter les mesures que réprouve ou que commande la gravité des circonstances. Nous pensons que lorsqu'ils rendront compte de leur mission, il sera temps de critiquer ou d'approuver l'usage qu'ils auront fait de leur pouvoir. En fait, ce pouvoir est et doit être dictatorial. On peut, on doit lui donner des avertissements et des conseils ; on ne peut pas sans crime l'entraver, car il sauve en ce moment la France.

Sur ce point nous pensons donc que le Gouvernement provisoire de Bordeaux a le droit, s'il le juge utile à la défense nationale, de suspendre un journal. Nous lui accorderions même bien d'autres immunités.

Mais il s'en faut que nous l'approuvions d'épuiser son droit, et de défendre par la force brutale l'expansion des idées contraires à la grande œuvre du moment. Il est infiniment probable que toutes les excitations de l'*Union de l'Ouest* auraient été impuissantes, et n'auraient pas rallié une demi-douzaine de conseillers généraux. Ces conseillers se fussent-ils réunis, ils n'auraient pris aucune mesure à l'encontre de celles du Gouvernement. Et toute cette grosse affaire serait oubliée aujourd'hui, même à dix lieues d'Angers. Dans le cas fort impossible où quelques conseillers imprudents, voulant faire illusion à eux-mêmes et aux autres sur la valeur du mandat qu'ils avaient reçu de leurs commettants par le moyen des candidatures officielles, auraient essayé de s'arroger une autorité que l'empire même ne leur accordait pas, quatre hommes et un caporal auraient eu raison de leur mutinerie, à son origine, et les auraient mis dans l'impuissance d'agir. Quelle apparence qu'un seul homme un peu sérieux eût voulu, dans les circonstances actuelles, se faire arrêter comme émeutier ! Ce dénouement eût été aussi ridicule qu'inévitable.

Donc, pour ces raisons, le préfet de Maine-et-Loire n'aurait pas dû prendre son arrêté. Mais il eût dû reculer devant la mesure pour des considérations d'un ordre plus élevé.

Nous avons si souvent et si légitimement reproché au gouvernement impérial de ne pouvoir vivre que par la violence, de ne pouvoir administrer que par la pression officielle ; nous avons si souvent répété que le grand levier, le plus puissant ressort de tout gouvernement est la liberté avec ses excès, la liberté avec ses licences ; qu'il eût été logique de tenter l'épreuve dans les circonstances les plus critiques et les plus solennelles de l'histoire de France, et de montrer que la République est assez forte pour lutter à la fois contre des flots d'envahisseurs et contre le déchaînement de toutes les passions intérieures.

N'hésitons donc pas à blâmer sévèrement la pusillanimité d'un préfet de la République qui a eu pour de la liberté, et espérons que ce sera là le seul exemple d'un démenti aussi éclatant qu'inutile infligé aux solennelles promesses de la démocratie.

P. S. — Nous ne pouvons que déplorer d'avoir à enregistrer des faits tels que ceux qui sont signalés dans les deux lettres suivantes. C'est encore l'œuvre du même préfet de la République. Triste ! Triste ! Triste !

« B....., le 30 décembre 1870.

» Monsieur l'administrateur,

» *Conformément à la circulaire de M. le préfet, en date du 30 décembre*, je viens vous prier de cesser, à la date du 1er janvier 1871, l'abonnement pris par la commune de B..... au *Journal de Maine-et-Loire*.

» Agréez, monsieur, l'assurance de ma sincère considération.

» *Le maire*, R..... »

« Mairie de..., 30 décembre 1870.

» Monsieur le rédacteur du *Journal de Maine-et-Loire*,

» M. LE PRÉFET M'AYANT PRÉVENU *de ne pas renouveler l'abonnement du journal*, je vous serai obligé de vouloir bien en cesser l'envoi.

» Veuillez agréer, monsieur le rédacteur, *avec mes regrets*, ma très haute estime et considération.

» Le maire..... »

Limoges, 12 janvier 1871.

LE BOMBARDEMENT DE PARIS.

La France entière va savoir dans vingt-quatre heures, et le monde civilisé avant huit jours, que Paris a été bombardé par les Prussiens.

Ces ennemis implacables et sauvages de la gloire et du nom français, semblaient avoir épuisé par le siége de Strasbourg, par leurs dilapidations, par leurs meurtres, par leurs incendies, par l'assassinat des francs-tireurs, par leurs cruautés froides, par leurs brigandages, tout ce que l'imagination peut enfanter de barbaries inutiles au service de la plus inique des invasions.

Eh bien! non, il leur fallait encore Paris, Paris soumis, Paris humble, Paris courbé sous la loi impitoyable d'un farouche Attila. Et Paris a osé se défendre, et ses forts se sont hérissés de canons, et ses remparts se sont couverts de défenseurs, et tous ses enfants sont devenus soldats, et un immense cri de fureur héroïque s'est emparé de cette ville, arrachée à ses affaires, à ses études, à ses plaisirs. Elle s'est souvenue qu'elle est la capitale du monde, le centre des lumières, le flambeau de la civilisation, le temple des arts, la ville des villes, la cité des nations, et elle s'est levée fière, calme, souriante et indomptable.

Mais le despote du Nord n'avait pas son compte. Que lui importait d'avoir répandu ses hordes germaniques sur le sol français de Rouen à Orléans, d'Amiens jusqu'à Blois? Il lui fallait Paris, il lui fallait le Louvre, il lui fallait traverser triomphalement les Champs-Élysées et aller savourer sous les lambris des Tuileries ces ineffables joies des princes conquérants, conduits par la main de Dieu.

Et comme Paris résiste, il l'égorge, du moins il l'essaie ; et des hauteurs sans doute de Clamart, de Châtillon ou de Meudon, avec des engins d'une portée immense, il fait pleuvoir une grêle d'obus sur le quartier latin, le quartier Saint-Jacques et une partie du faubourg Saint-Germain. Le Panthéon, le Val-de-Grâce, la Salpétrière, les tours Saint-Sulpice, le dôme des Invalides, sont autant de points de mire pour cette artillerie formidable.

Plusieurs édifices auront sans doute été endommagés, beaucoup de maisons particulières auront été incendiées, mais qu'on ne s'épouvante pas de ces désastres. Pas de panique surtout, comme il arrive trop souvent en province. Nous sommes sûr que les Parisiens envisagent froidement, peut-être avec bonheur, le commencement de la lutte suprême.

Un dixième à peine de la ville est atteint par les projectiles prussiens. Les femmes, les enfants, les vieillards ont dû être évacués sur les parties centrales. Tout se bornera à des pertes matérielles. Mais qui dira la quantité de haine et de rage qui va s'amasser dans le cœur de nos frères de Paris ? Et qui résisterait à l'élan que ce nouveau forfait de nos ennemis va donner aux cinq à six cent mille hommes armés qui vont enfin sortir de Paris comme autant de lions furieux pour broyer tous ces barbares ?

Inutile de leur crier : Courage ! c'est à la province à faire son devoir ; c'est à Chanzy, à Faidherbe, à Bourbaki, de hâter l'exécution de leurs plans, et à marcher à tout prix vers Paris, ou à couper aux

Prussiens leurs communications avec l'Allemagne, ce qui vaudrait peut-être mieux.

Et la France sera sauvée ! car la France ne peut périr.

Limoges, 12 *janvier* 1871.

LA LOYAUTÉ DES MONARCHISTES.

La République n'a aucune justice à attendre de ses adversaires. Pour lui nuire, pour la déconsidérer, pour la renverser, tous les moyens leur sont bons, et les plus pitoyables, les plus déloyaux, les plus iniques sont souvent ceux qui réussissent le mieux.

C'est à nous, démocrates, qui avons foi dans la régénération prochaine de notre malheureuse France, c'est à nous de lutter, de lutter toujours, même à armes inégales, contre la mauvaise foi, contre les insinuations calomnieuses, contre les attaques directes ou indirectes que les monarchistes répandent à profusion dans les campagnes.

Ce n'est pas au moment où une savante concentration de nos armées, dirigée et combinée par des généraux enfin dignes de leur mission, vient de tracer une digue à l'invasion prussienne, et la fait reculer sur plusieurs points à la fois, que nous devons ralentir nos efforts à l'intérieur, et attendre que les événements militaires tournant définitivement en faveur de la

France, nous permettent de regagner tout le terrain perdu par la République. Croyons d'une foi ardente que les luttes de la parole, que les luttes de la presse, servent autant notre cause que nos chassepots et nos mitrailleuses. Aucune arme n'est à dédaigner lorsqu'il s'agit du salut de la patrie; et même lorsqu'on se sent impuissant à faire pénétrer une idée saine, une idée de justice, dans des esprits prévenus, dans des esprits hostiles, même alors il faut agir, même alors il faut parler, et si la parole nous est enlevée, il faut encore que chacun de nous proteste par sa présence, par un silence éloquent, par la dignité de sa conduite.

Mais surtout, pas de découragement! L'avenir est à nous, un avenir prochain, un avenir d'honneur et de grandeur nationale, un avenir de prospérité matérielle et de prospérité morale, un avenir d'instruction, de lumières, de justice et de liberté.

Pourquoi faut-il que des esprits égarés et inflexibles s'obstinent à entraver la marche de l'humanité vers cet avenir de progrès et de bonheur? Parce qu'ils n'y croient pas? Belle raison, vraiment. Mais si d'autres y croient, d'une foi absolue, raisonnée et réfléchie. Pourquoi ne les laissez-vous pas tenter l'œuvre ? surtout lorsqu'ils vous affirment, vous protestent sur tous les tons qu'ils ne veulent d'autre instrument pour réussir que la liberté, la liberté pour tous, la liberté pour vous surtout. Dans toutes les réformes tentées, vous aurez votre voix, vous aurez votre contrôle, vous aurez votre droit de critique, comme nous, absolument comme nous.

Ah ! cela ne vous suffit pas. Vous n'avez pas confiance. Ne serait-ce pas que l'amélioration du sort de ceux qui souffrent vous touche peu ? Que votre part étant la meilleure au soleil, vous craignez d'être obligés de la partager avec votre voisin ? Que vous voulez encore les places lucratives sans talent et sans études, les honneurs et les dignités sans l'honneur et la dignité de la vie, les gros profits et les fortunes rapides sans le travail qui doit en être la source unique ?

S'il en est ainsi, nous comprenons votre fureur et votre rage, nous comprenons les mouvements d'indignation et de colère, ou les expressions de souverain mépris qui vous échappent au seul nom de République. Eh bien ! vous avez raison, car nous ferons une guerre acharnée, impitoyable, sans relâche, sans trêve ni merci, une guerre d'extermination à l'ignorance, à la superstition, aux priviléges, aux gros traitements, aux sinécures, au népotisme, au favoritisme, à la misère, à toutes les plaies sociales. Tout le programme de la démocratie est dans ces mots. Oseriez-vous le réprouver publiquement ? Non. Mais dans l'application, vous reprenez toutes les concessions que vous paraissez faire à ces idées généreuses et humanitaires.

Soit donc encore, et combattez non-seulement nos doctrines, mais encore chacune des réformes qui en découlent ; aussi bien, c'est votre droit ; la liberté, nous venons de le déclarer, est pour vous comme pour nous ; mais du moins, n'attribuez à la République et aux républicains que ce qui est le fait de l'une ou des autres.

N'est-il pas, par exemple, d'une perfidie machiavélique, de faire croire, ou même de laisser croire aux habitants des campagnes que tous les maux de l'invasion actuelle viennent de la République ? N'est-il pas constant que les membres de la gauche du Corps législatif, qui forment aujourd'hui le gouvernement provisoire, ont toujours protesté énergiquement contre la guerre en général, et contre celle-ci en particulier? Jules Favre n'a-t-il pas fait une tentative solennelle pour arrêter ce barbare mystique dans sa fureur insensée contre la France? Donc, la République n'est pas cause de la guerre ; elle a fait tout ce qui a dépendu d'elle pour la conjurer, puis pour y mettre un terme. Aujourd'hui elle défend la patrie; elle repousse l'étranger. Elle mérite la reconnaissance de tout Français et l'admiration du monde.

Mais ce n'est pas sur ce point seulement que la réaction montre sa bonne foi à l'égard de la République. Personne n'ignore que le gouvernement provisoire n'est ni constitué régulièrement, ni consacré par la nation; et bien que ses pouvoirs nous paraissent, eu égard aux circonstances, d'une légitimité incontestable, il ne représente pas l'idéal du gouvernement républicain. Il est essentiellement transitoire, et ne contient aucune des garanties de légalité, de constitutionnalité, qui puisse en assurer le fonctionnement normal. Il vit au jour le jour, si on peut s'exprimer ainsi, ne prenant que les mesures indispensables, trop parcimonieux de celles-là même à notre avis; mais encore une fois, ce n'est pas là la République constituée et organisée.

Or, si nos adversaires trouvent à blâmer un acte, un décret, un arrêté d'un ministre ou d'un préfet, ce que nous avons fait nous-même plusieurs fois, ils crient au scandale: Voyez, disent-ils, ces républicains, voyez cette République! Ne commet-on pas aujourd'hui les mêmes fautes qu'autrefois? Ne sont-ce pas les mêmes errements? Ne voit-on pas percer le bout de l'oreille? Ne sont-ce pas des gens qui voulaient tout simplement prendre la place des autres? etc., etc.

Que d'injustices accumulées en quelques mots!

Avons-nous eu jamais la prétention de croire que les républicains soient infaillibles ? Ne peut-il pas même s'en être glissé quelques-uns plus soucieux de leurs traitements que de l'honneur de la République ? Tout cela est possible, et bien d'autres choses encore ; mais qu'est-ce que tout cela prouve contre la République ? Assurément, nous croyons comme vous que nos gouvernants ont fait déjà des fautes ; jugez-les aussi sévèrement que vous voudrez, mais attendez pour juger la République elle-même qu'elle ait été la République.

Limoges, 13 *janvier* 1871.

SI NOUS ÉTIONS VAINCUS !

Le caractère français est prompt, vif, primesautier, très facile aux enthousiasmes, très accessible au découragement; passant avec une merveilleuse prestesse d'un extrême à l'autre, de l'espoir à la crainte, des joies immodérées et irréfléchies aux paniques insensées et sans excuse. C'est là son cachet particulier, son originalité propre ; c'est sa faiblesse et c'est aussi sa force ; c'est par là qu'il domine dans le monde, et qu'il est partout recherché et aimé. Vouloir corriger ces élans impétueux, cette nature incorrecte et indocile, ce tempérament fait de feu, de flamme, d'idées, de souvenirs, d'aspirations, de préjugés, de superstitions, de foi, d'indifférence, d'amour, de haine, de rires et de pleurs, ce serait vouloir supprimer l'esprit français, l'esprit du monde moderne, la vie des nations, l'espoir de l'avenir.

Non, il ne faut pas tenter cette œuvre impie, cette œuvre impossible. Il faut accepter le caractère français tel qu'il est, tel que l'ont fait le mélange des races, le contact des peuples, l'influence du sol et du climat, le génie propre de la nation. Tel qu'il est, il a sa raison d'être dans le grand concert de l'humanité. Ce qui est permis, c'est de le guider, c'est de l'éclairer, c'est de le stimuler ou de le modérer; c'est d'en tirer en chaque circonstance le meilleur parti possible, sans rudesse et sans flatterie, car il se joue des menaces et se raille des paroles doucereuses. Il faut lui dire : sois toi-même; et il rentrera en lui-même, se cherchera et se retrouvera.

Peut-être sommes-nous à une de ces époques solennelles où l'esprit français doit se recueillir, pour chercher sa voie, et s'y lancer ensuite avec cette impétuosité juvénile et chevaleresque que la vieillesse ne paraît pas pouvoir atteindre.

Paris déjà paraît avoir accepté sa nouvelle fortune et les hasards d'une lutte inouïe avec une résolution, un sang-froid, et un suprême dédain qui viennent de consacrer de nouveau et pour longtemps sa suprématie morale sur le reste de la nation.

Que doit faire celle-ci? Imiter Paris, c'est-à-dire envisager froidement le duel à mort qui lui est imposé, en prendre résolument son parti, et répondre à cet insolent défi par le serment des vieux Romains qui ne traitaient jamais avec leur ennemi tant que celui-ci était sur le territoire de Rome. *Ni un pouce de notre territoire, ni une pierre de nos forteresses*; c'est là une formule heureuse, qui vaut celle du sénat romain, et à laquelle il faut se tenir.

Il ne faut pas que ce soit une vaine phrase comminatoire, qui s'évanouisse même devant de grands revers. Il faut que ce soit une vérité, un symbole, un drapeau, une foi. Il faut que rien ne nous fasse fléchir, pas même le bombardement continu et prolongé de Paris, pas même la chute des forts, pas même l'assaut, pas même la prise de vive force ou la capitulation par la famine. Il faudrait alors prolonger la lutte dans le centre de la France. Il faudrait organiser une guerre de guérillas dans tout le Plateau central, dans les Cévennes, résister jusqu'au printemps, résister pendant l'été, appeler sur ces points, jeter sur les Vosges et dans les Argonnes tout le reste de nos troupes, tous les hommes valides, harceler, harrasser l'ennemi, fuir, reparaître, pour se dérober de nouveau et apparaître encore, sans jamais céder, sans jamais traiter. Voilà ce qu'il faudrait faire, si nous étions vaincus.

Et quel autre parti nous resterait-il à prendre? Accepter la loi du vainqueur? Mais quelle loi? Et quel abaissement, et quelle honte! Nous ne parlons pas des milliards qu'il imposerait à nos populations déjà épuisées et ruinées; nous ne parlons pas du démantèlement de nos forteresses, de la perte de l'Alsace et de la Lorraine, flétrissures à jamais ineffaçables imprimées au nom français ; nous ne parlons pas de l'occupation du tiers de la France par les soldats prussiens jusqu'au payement intégral de leurs milliards ; nous ne parlons pas de nos temples, de nos monuments, de nos musées pillés et dévastés. Nous ne parlons pas de la souillure du sol de Paris par les bivouacs de ces insolents vainqueurs. Nous demandons ce que serait même, après leur départ, notre belle France, ce que nous serions nous-mêmes, quel gouvernement le puissant empereur d'Allemagne aurait daigné nous octroyer, quel simulacre de monarque il aurait bien osé nous imposer, quel Français assez avili aurait accepté un trône de l'auteur de tant de calamités et de hontes. Un seul dans le monde pourrait avoir assez d'impudeur pour se hisser sur les degrés sanglants et immondes de son trône avili et méprisé. Mais qu'apporterait-il à la France, sinon de nouvelles, de plus nombreuses et de plus impitoyables proscriptions, le servilisme le plus éhonté, et l'abrutissement indéfini de l'esprit public ?

La République seule pourrait réparer les maux de la France ; mais jamais Guillaume ne la tolérerait, et la République d'ailleurs ne se laisse pas tolérer ; elle s'impose, ou elle n'est pas. Elle aurait été vaincue, elle ne serait donc plus, et alors derrière l'invasion victorieuse qu'entrevoit-on ? — L'anarchie, le chaos, le néant.

Monarchistes, faites donc la paix !

Limoges, 15 *janvier* 1871.

LES ARRESTATIONS ARBITRAIRES.

Les événements militaires dominent aujourd'hui la situation, et il est peu probable que l'attention publique se laisse distraire, jusqu'à ce que l'on connaisse la réponse des Parisiens au bombardement de leur ville, et les premiers résultats de la marche hardie de Bourbaki sur Belfort.

Toutefois, nous ne pouvons laisser passer, sans une

mention spéciale, deux faits récents, dont s'empare la presse réactionnaire, pour avoir une occasion de lancer ses foudres contre la République et les républicains.

M. Gambetta a mandé près de lui M. Fournier, rédacteur de la *Province*, de Bordeaux, et après lui avoir reproché, en termes très vifs, d'avoir commis dans un article, des indiscrétions relatives au plan de campagne et aux mouvements des armées, il l'a fait arrêter.

D'un autre côté, le général Bordone, officier de l'armée de Garibaldi, a fait aussi arrêter M. Pinard, l'ancien ministre de l'empire, le fameux Pinard, illustré par Rochefort, qui distribuait, jusque dans un cimetière, des numéros du journal le *Drapeau*.

L'article de M. Fournier, révélait-il réellement le plan de campagne de nos généraux, soit par suite d'une indiscrétion coupable qui remonterait plus haut, soit par une coïncidence toute fortuite et sans aucune préméditation? Il paraît que c'est cette seconde version qu'il faut adopter, puisqu'une perquisition faite au domicile de M. Fournier n'a donné aucune preuve de son prétendu crime de haute trahison. Dans ce cas, nous n'hésitons pas à regretter la précipitation avec laquelle notre jeune et bouillant ministre a suspendu, ne fût-ce que pour quarante-huit heures, au préjudice d'un citoyen, les garanties sacrées de la liberté individuelle.

C'est une faute, sans doute, mais une faute reconnue par son auteur et réparée presque aussitôt. Peut-on établir une comparaison quelconque entre un abus d'autorité inspiré par le sentiment exagéré de la plus haute responsabilité qui puisse peser sur un homme, et ces arrestations arbitraires et incessantes dont le gouvernement impérial nous donnait le scandaleux exemple?

En ce qui concerne M. Pinard, nous ne savons ce que pouvait contenir le numéro du journal le *Drapeau* qu'il distribuait ainsi aux avant-postes de nos armées, sous le canon même de nos ennemis, et cet élément nous paraît indispensable pour asseoir un jugement ; car on conviendra que, sous tous les régimes, même sous celui de la liberté absolue, l'autorité militaire en face de l'ennemi a des droits incontestables de surveillance et de haute police. Vouloir laisser le pouvoir militaire désarmé dans cette circonstance, ce serait vouloir l'anarchie ou la guerre civile à courte échéance. Nous pensons donc qu'un général, en pareille occurrence, ne doit pas être blâmé *a priori*; qu'au contraire, il doit être loué de sa vigilance, et approuvé pour toutes les mesures qu'il ordonne dans l'intérêt de la défense nationale. L'état de guerre n'est pas un état normal, et si jamais la statue de la liberté peut être voilée, c'est assurément dans ce cas.

Limoges, 16 *janvier* 1871.

LES GRÈVES ET LES CHANTIERS COMMUNAUX.

Le moment paraît mal choisi pour traiter des questions qui ne se rapportent pas directement à la défense nationale. Tous les esprits sont tournés vers Paris, tous les cœurs battent dans l'attente des nouvelles de Bourbaki, de Faidherbe, de Chanzy. Nous le savons, et cependant nous sollicitons l'attention de nos lecteurs pour des questions de politique intérieure, d'intérêt local. C'est que l'invasion prussienne, malgré la perturbation qu'elle apporte dans la situation de la France, n'a pas supprimé la vie sociale. Les embarras et les difficultés politiques et administratives n'ont fait qu'empirer, et on peut entrevoir que longtemps après l'expulsion des Prussiens, nous aurons une liquidation dangereuse.

Un fait à peu près général dans tous les départements de la France, est la pénurie des caisses publiques, en présence d'une double nécessité impérieuse : d'une part, l'équipement et l'armement des gardes nationaux mobiles ou mobilisés, et de l'autre, les secours à apporter aux malheureux souffrant de la rigueur de la saison et de la suppression du travail dans la plupart des fabriques et usines.

Plus l'argent était nécessaire, plus il s'est caché, et tous les appels faits aux capitaux indigènes ou étrangers sont restés sans effet.

La plupart des villes, après des efforts infructueux pour maintenir le travail des fabriques, ont été réduites à ouvrir des ateliers communaux : mesure éminemment regrettable, condamnée par l'expérience et par les principes d'une bonne administration. Quel triste spectacle, en effet, à donner à la population que celui d'un travail mal organisé, mal fait, mal rétribué, à peu près improductif, et déguisant mal une œuvre de pure charité, une sorte de succursale du bureau de bienfaisance.

Nous n'avons pas l'intention d'insister aujourd'hui sur ce côté de la question. Nous voulons surtout signaler un autre danger des ateliers nationaux. Ils facilitent et ils déterminent les coalitions et les grèves des ouvriers.

Ce n'est pas que nous soyons opposé à ces grandes et suprêmes résolutions des corporations ouvrières. Au contraire, nous applaudirons toujours aux efforts qu'elles tenteront pour obtenir ou accroître leur bien-être et leur indépendance, tant qu'elles ne sortiront ni du droit, ni de la justice. Or, les grèves peuvent être des actes d'une immense gravité, mais elles sont de droit commun; les ouvriers sont absolument libres de refuser les conditions de travail qui leur sont faites, comme les patrons sont en droit de les leur imposer. C'est aux ouvriers à bien considérer s'ils ont plus à gagner qu'à perdre en prenant ces résolutions suprêmes qui arrêtent instantanément les sources du travail.

Leur droit est donc absolu et mis hors de contestation. Maintenant, s'ils veulent en user, c'est à eux à remédier aux maux qu'entraînent pour eux un chômage prolongé. Ils ne doivent pas compter sur l'État; ils ne doivent pas compter sur les communes, et s'enhardir dans leurs résolutions en disant : Après tout, la commune nous donnera du travail, la commune nous nourrira. Qu'ils y prennent garde, ce serait attribuer à la commune une charge qui ne lui revient pas, un pouvoir dominateur qui serait funeste à la liberté publique; ce serait pour les ouvriers une espèce de servage aussi humiliant que tous ceux dont ils se sont affranchis.

Que doivent-ils donc faire? Une chose bien simple, et cela non pas dans l'avenir, non pas plus tard, non pas demain, mais dès aujourd'hui, c'est-à-dire constituer des sociétés de prévoyance, des associations de secours mutuels, sur des bases sérieuses et solides. Les travailleurs ne savent pas assez la puissance de la petite épargne accumulée lentement, mais réguliérement et continuellement. Un ou deux sous par semaine donnés par chaque ouvrier d'une ville constitueraient en peu de temps un avoir respectable, et s'ils adoptaient le principe sauveur de toutes ces sociétés, l'inaliénabilité du capital, c'est-à-dire l'interdiction de toucher aux cotisations elles-mêmes, et l'obligation de n'employer que les revenus, ils obtiendraient des résultats merveilleux, et pourraient voir fondre sur eux sans crainte les crises les plus terribles.

Nous reviendrons sur ces questions. Qu'on nous permette seulement de citer un exemple. Le baron Taylor, qui a fondé à Paris cinq ou six sociétés philanthropiques, a commencé son œuvre, il y a environ trente ans, par les artistes dramatiques. D'après les statuts de la société, chaque membre ne paye que un franc par mois, et aujourd'hui ils ont 75,000 francs de rente, et chaque sociétaire, après un certain temps, a droit déjà à une pension de 500 francs par an. — Admirable puissance de l'association !

Malheureusement, les pouvoirs monarchiques n'ont jamais sérieusement poussé les travailleurs dans cette voie, et aujourd'hui tout est à faire ; aujourd'hui les chômages arrivent et la misère à sa suite, et on a recours à l'Etat et à la commune. C'est un malheur et un grand malheur. Mais cependant, si l'imprévoyance des gouvernements précédents a laissé désarmés les ouvriers devant la misère, il faut bien, provisoirement, et eu égard aux circonstances exceptionnelles dans lesquelles nous nous trouvons, leur porter secours et leur donner à vivre.

Voilà pourquoi, malgré les principes de liberté absolue dont nous faisons profession, nous pensons qu'aujourd'hui il faut secourir à Limoges tous les ouvriers sans travail et se procurer dans ce but de l'argent.

Il faudra bien enfin qu'on se décide à prendre des mesures qui devraient être en cours d'exécution depuis trois mois. *Caveant consules.*

Limoges, 18 *janvier* 1871.

LES VRAIS RÉVOLUTIONNAIRES.

Il y a en France toute une classe d'hommes pour qui l'expérience est lettre morte, dont l'entêtement puéril ne peut être comparé qu'à l'aveuglement, dont la passion est le seul mobile, qui sont rebelles à tout raisonnement, insensibles à tout reproche, indifférents à toute misère morale, hostiles à toute réforme, ennemis jurés et irréconciliables de la République et des républicains. Il sont nés sous un état social qui a favorisé leurs intérêts, qui a satisfait leurs appétits, qui les a comblés de privilèges et de distinctions lucratives et honorifiques, qui leur a donné une importance et une valeur conventionnelles que leurs mérites personnels ne leur auraient jamais conquises. Ils se sont toujours bien trouvés de l'État monarchique, et ne peuvent concevoir comment des ambitieux, des idéologues, des utopistes, comment des hommes de rien, des gens sans aveu, de pauvres hères qui n'ont pas seulement pignon sur rue osent venir réclamer un état de choses meilleur, une plus juste répartition des charges et des avantages de la grande famille humaine. Un roi ou un empereur pour commander en maître; des gendarmes pour emprisonner les mécontents, des soldats pour faire des expéditions de Chine et du Mexique; de lourds impôts pour acheter les consciences; voilà le type, le modèle, l'idéal des gouvernements.

Ces précautions prises, avec de bonnes lois coercitives, on peut dormir tranquille, on peut faire son chemin, on peut aspirer à la croix d'honneur et à la députation.

Or, voilà que trois fois en moins d'un siècle tous ces échafaudages de royauté et d'empire s'effondrent sous le poids des malheurs publics, conséquences fatales des iniquités, des folies et des crimes de ces prétendus sauveurs. Trois fois le peuple revendique et reprend ses droits imprescriptibles et inaliénables que d'odieux attentats lui ont subrepticement enlevés. Il semble que tout ce qui a conservé encore un peu de sang-froid, avec la faculté de réfléchir, doive reconnaître que tous ces systèmes de gouvernements fondés sur les inégalités sociales, sur les privilèges des classes, sur l'autorité des uns et le servage des autres soient à jamais condamnés. Il semble qu'en présence des calamités dont gémissent actuellement la France, l'Allemagne et tout le monde civilisé, et qui sont l'œuvre de deux hommes, de deux monarques, auxquels les peuples ont eu l'insigne faiblesse d'accorder des pouvoirs aussi formidables et aussi néfastes, il semble qu'il ne dût pas y avoir un seul partisan de la monarchie qui ne sentît ses convictions profondément ébranlées, sa foi chancelante, et ne crût de la plus élémentaire justice de tenter sincèrement l'épreuve du gouvernement républicain.

Et d'ailleurs, est-ce une abdication qu'on demande aux anciens monarchistes? Les proscrit-on? les emprisonne-t-on, comme ils ne manqueraient pas de faire des républicains s'ils ressaisissaient demain le pouvoir? Non, loin de là; on leur fait même une large part, une trop large part dans l'administration de cette République qu'ils voudraient étouffer. On ne leur enlève aucun de leurs droits; et, dès que les Prussiens auront quitté le sol français, le suffrage universel s'exerçant dans sa plénitude, pourra leur rendre leurs fonctions de maires, de conseillers généraux, de représentants du peuple. Ne peuvent-ils pas attendre quelques mois, quelques jours? Des élections générales ou partielles, unanimement reconnues comme impraticables aujourd'hui, changeraient-elles la situation? apporteraient-elles un appui, un concours, une force quelconque à la défense nationale?

Qu'est-ce donc que cette levée de boucliers des conseillers généraux de l'empire? Quelle est cette protestation de ce pouvoir éphémère et dérisoire, dont l'origine se rattachait aux plus misérables agissements de l'empire? Quoi! lorsque la machine entière est disloquée et que les débris en sont dispersés au vent, un des rouages les plus inutiles pourrait être admis à se mouvoir dans le vide, et cette poulie folle aurait la vertu de remplacer le mécanisme entier! Mais pour qui ces hommes prennent-ils les habitants de la France? Croient-ils avoir produit un tel abêtissement dans les esprits, qu'il n'y reste plus la moindre trace de bon sens? Pensent-ils qu'on se méprenne sur leurs véritables intentions? Et si les mobiles qui les font agir étaient purs, ne sauraient-ils pas attendre la fin de la crise qui les replacera en face de leurs juges, en face du suffrage universel ?

Mais venir faire un appel à la discorde, pousser à la désobéissance aux lois, provoquer l'agitation dans le pays, au moment suprême où la France lutte héroïquement pour savoir si elle sera encore ou si elle ne sera plus, et où toutes les forces de la nation doivent converger sur un point unique, la délivrance de son territoire, n'est-ce pas au premier chef un acte séditieux, un acte de mauvais citoyens? Et ces hommes qui se jouent ainsi des destinées de notre patrie, qui appellent le désordre et la guerre civile, ne sont-ils pas les vrais révolutionnaires, dans la mauvaise acception du mot? Quoi qu'ils fassent, ils ne pourront échapper à ce dilemme : ou ils ne voient pas les abîmes qu'ils ouvrent sous leurs pas et sous les nôtres, et alors ce sont des insensés, privés de raison ; ou ils voient ces abîmes et les creusent sciemment, volontairement, et alors ils commettent le crime de lèse-nation et de lèse-humanité.

Limoges, 19 *janvier* 1871.

PLACE AU COMTE DE CHAMBORD !

La *Gazette de France* revient chaque jour sur la question des élections générales, et des élections municipales, avec une ténacité et une persévérance de termite. Elle espère ainsi saper et miner l'édifice peu solide encore de la République naissante, et réédifier sur ses ruines le trône si vermoulu de Saint-Louis, d'Henri IV et de Louis XIV.

La grande raison de tout ce bruit, de toute cette campagne, de cette plaisante revendication des droits du suffrage universel, c'est que les légitimistes jugent le moment opportun, l'occasion favorable pour occuper toutes les fonctions électives, comme ils occupent déjà la plupart des fonctions administratives, judiciaires et militaires ; pour accaparer toutes les avenues du pouvoir, profiter bientôt de la situation critique où la France ne peut manquer de se trouver, et offrir à la nation épuisée, à la nation vaincue, un nouveau sauveur, un nouveau messie, l'oint du Seigneur, le fils de saint Louis, l'auguste rejeton de tant de générations de rois chrétiens, l'enfant de la Providence, le monarque de droit divin, Henri V, en un mot, l'héritier légitime de la maison de France et du trône de ses ancêtres.

Le moment est venu ; en effet, pensent-ils, l'empire n'est plus possible, il s'est couvert de honte, il s'est suicidé à Sedan. La République effraie les populations, et nous avons eu soin d'entretenir ces bienheureuses dispositions ; d'ailleurs, nous avons eu peu de frais à faire ; la guerre et les ruines qu'elle entraîne, l'augmentation des impôts, la levée de toute la jeunesse valide, tout cela mis naturellement sur le compte des républicains, qui effectivement ordonnent et font exécuter toutes ces mesures ; la providentielle maladresse du Gouvernement provisoire et des administrateurs, qui ont abandonné la direction du mouvement politique à tous les ennemis de la République ; tout nous a servi merveilleusement.

Or, maintenant, la crise approche ; les armées républicaines sont reformées, réorganisées, pleines d'ardeur et d'entrain ; elles reprennent l'offensive ; Paris se défend héroïquement. La République pourrait bien sortir de là victorieuse, et alors au diable tous nos beaux projets. Vite ! vite ! des élections ! Vous ne pouvez pas nous les donner ; tant mieux ! c'est pour cela que nous les demandons. Vous les avez promises, vous nous les devez ; vous vous êtes déclarés prêts à remettre à la nation le pouvoir qui émane d'elle, reconnaissant que vous êtes sans pouvoir régulier pour la représenter ; vous vous êtes engagés à convoquer le plus tôt possible une Assemblée nationale. Vous avez beau nous dire aujourd'hui que les circonstances ne sont plus les mêmes, que tout est changé, que plus de trente départements sont envahis, que les soins de la défense nationale absorbent toute votre activité, toutes vos forces, que la France ne songe pas à voter, mais à se battre, qu'après la victoire, le suffrage universel reprendra tous ses droits ; chansons que tout cela ; vous l'avez promis, vous avez pris un engagement solennel, vous l'avez *signé*. Donc il faut tenir votre promesse, donc il faut faire honneur à vos engagements, donc il faut laisser là les Prussiens et convoquer les électeurs, donc il faut nous laisser élire une bonne Chambre réactionnaire qui vous supprimera, qui jugera ce qu'elle a à faire en face de l'ennemi, et qui ménagera tout doucement la rentrée de notre bien-aimé duc de Bordeaux, comte de Chambord, successeur de Charles X et roi de France par la grâce de Dieu !

Allons, républicains, un peu de complaisance, et place à la noble race des Bourbons ; à elle le soin de clore enfin définitivement l'ère des révolutions ; mais à nous l'honneur de les recommencer sans cesse.

Limoges, le 20 *janvier* 1871.

LE SOCIALISME A LIMOGES

C'est sous ce titre à sensation que le journal la *France* consacre un article plein de compassion et de tristesse à la décision que le conseil municipal de Limoges a prise récemment dans la question des conflits entre patrons et ouvriers.

Cette touchante sollicitude de la feuille sénatoriale pour les intérêts de notre cité n'a rien qui doive nous étonner. M. de la Guéronnière qui l'a fondée pour défendre l'empire libéral a fait ses premières armes à Limoges comme rédacteur en chef d'un journal légitimiste; devenu ensuite l'ami de Lamartine et son collaborateur dans un journal républicain, il se laissa toucher, après le 2 décembre, par les mérites du régime glorieux et réparateur de l'empire. Mais voici que, depuis quelques jours, la *France*, qui passe toujours pour recevoir les inspirations de notre compatriote, reporte toutes ses espérances sur la noble race de Saint-Louis, et reçoit les bénédictions du journal l'*Union*. Puisque M. de la Guéronnière revient à ses premières amours, il doit songer à Limoges qui les vit naître, et déplorer l'aveuglement d'une population qui lui est chère et qui rentre à pleines voiles dans l'océan orageux de la démagogie.

Malheureusement les études de M. de la Guéronnière sur le socialisme sont aussi solides que ses convictions politiques, et, à ce sujet, il prend volontiers

Vaugirard pour Rome. On peut regretter, et nous l'avons fait nous-même, la voie dans laquelle le conseil municipal vient d'entrer; mais de là à voir du socialisme dans cette mesure, il y a un abîme. Non-seulement la majorité du conseil n'a pas agi en vertu de principes généraux, et n'a pas voulu faire consacrer une théorie socialiste, mais il a fait justement le contraire de ce que demandent les socialistes.

Nous ne savons combien de temps encore on fera de ce mot de socialisme un épouvantail pour les populations ignorantes. Mais, à part un certain socialisme autoritaire, que la démocratie réprouve à l'égal du despotisme militaire ou de la royauté de droit divin, toutes les écoles socialistes réclament l'affranchissement et le bien-être des classes déshéritées, par l'association, par la coopération et par un ensemble d'institutions qui ne blessent ni les droits ni la liberté de personne. Les socialistes ne veulent donc ni de la mendicité, ni des distributions de travail ou d'argent par les communes ou par l'État. Ils ne comptent, pour faire disparaître le prolétariat, les chômages et la misère, que sur l'initiave privée ou l'initiave collective, sans aucune intervention de l'autorité, autrement que pour assurer le libre exercice de leurs droits.

D'après cela, comment peut-on venir dire qu'on a fait du socialisme au conseil municipal de Limoges? Serait-ce parce que quelques ouvriers viennent d'y entrer dans les dernières élections? Mais les conseillers qui paraissent représenter plus particulièrement la classe ouvrière n'y font entendre que les plus saines doctrines sur la nécessité, pour cette classe, de s'affranchir de la tutelle de la commune. Est-ce leur faute si des ateliers nationaux fonctionnent depuis quatre mois? Qui les a institués, ces ateliers nationaux, sinon l'ancien conseil municipal, avec l'approbation de l'administration actuelle?

Dès lors, à quoi se réduit la question? Tous les ouvriers de la ville, à mesure que les fabriques où ils étaient occupés se fermaient, avaient droit à entrer dans ces chantiers. Que MM. Gibus et Ce eussent fermé leur maison, et tous leurs ouvriers étaient admis aux chantiers. Cela était forcé, qu'il y eût, ou qu'il n'y eût pas d'argent dans la caisse communale; ainsi l'avait voté le précédent conseil. Mais la maison Gibus ne ferme pas; elle change ses conditions, elle modifie son règlement. A tort ou à raison, les ouvriers se trouvent blessés dans leur amour-propre et dans leur dignité; ils reconnaissent franchement que ce n'est pas une question de salaire. Ils se retirent.

Assurément ils n'auraient pas dû s'adresser à la commune; ils auraient dû subir les conséquences de leur résolution, c'est-à-dire chercher à se caser dans d'autres fabriques, dans d'autres ateliers privés, à se créer du travail par eux-mêmes ou par leurs amis des autres corporations, puisqu'ils n'ont aucune association de prévoyance qui puisse leur venir en aide pendant la crise. Mais croit-on que les ouvriers de Limoges ne l'aient pas compris, que leurs représentants au conseil municipal ne soient pas de cet avis? Ils l'ont si bien compris qu'un très-petit nombre d'ouvriers ont accepté la faculté qui leur a été accordée d'aller sur les chantiers communaux. Et ce que l'on a pris pour une coalition, pour une pression sur le conseil municipal, n'était que le cri inconscient de la misère qui s'adresse d'abord où elle voit du pain.

L'affaire n'a pas les proportions qu'on lui a données, et il n'est ni juste ni honnête de laisser croire que la population ouvrière de Limoges se met en grève contre les patrons en général ; car il existe au contraire des rapports excellents entre les fabricants de porcelaine et leurs ouvriers, et ils se rendent mutuellement justice. Le différend en question est un fait isolé, qui ne se renouvellera pas, certainement, et qui ne mettra pas en péril les finances de la commune.

Nous ajouterons que ce même conseil municipal, si révolutionnaire et si socialiste, a décidé à l'unanimité que le travail sur les chantiers communaux se ferait à la tâche. Est-ce là un principe démoralisateur ? Pourra-t-on dire que l'ouvrier est payé pour ne rien faire, lorsqu'il est évident que s'il ne fait rien, il ne recevra aucun argent, et qu'il ne sera payé qu'en raison de son travail ?

Voilà comment les journaux réactionnaires écrivent l'histoire et présentent les faits.

La *Province*, de Bordeaux, qui daigne aussi s'occuper des affaires de Limoges, est beaucoup plus sensée. Nous regrettons de ne pouvoir reproduire son article en entier, mais elle conclut à l'autonomie communale ; elle pense que si des communes commettent des erreurs, et entrent dans de mauvaises voies, il faut les laisser faire l'expérience de leurs idées. Elles s'apercevront bientôt de leurs fautes, les répareront, changeront leurs voies et moyens, et feront elles-mêmes leur éducation. C'est aussi notre avis ; et nous sommes étonné qu'on s'effraie si facilement et si gratuitement des moindres incidents de la vie politique d'une cité. Il faudra bien pourtant qu'on s'habitue à voir discuter des questions autrement graves.

Limoges, 21 janvier 1871.

LE PRINCE DE JOINVILLE EN FRANCE.

Personne n'ignore aujourd'hui les menées du parti bonapartiste, ni la complicité de la Prusse dans tous les projets de restauration impériale; le héros de Sedan, qui patine à Wilhemshœhe, n'a jamais désespéré de son étoile, et il compte bien mourir plein d'années et de gloire dans son palais des Tuileries, ramené au milieu de son peuple bien-aimé par les armées prussiennes.

D'un autre côté, la protestation du comte de Chambord contre le bombardement de sa *bonne ville de Paris*, indique aux moins clairvoyants que jamais le fils de la duchesse de Berry ne s'est moins cru qu'aujourd'hui appelé à remonter sur le trône de ses pères. Les plus aveugles n'ont qu'à lire l'*Union* et la *Gazette de France*, pour se convaincre que tout un parti politique ne voit de salut que dans la restauration du trône de Louis XIV.

Restaient les princes de la famille d'Orléans, qui plus désintéressés ou plus habiles, faisaient moins parler d'eux. Il est vrai qu'au lendemain du 4 septembre, ils abordèrent en France, vinrent jusqu'à Paris et voulurent mettre leurs bras et leurs épées au service de la Défense nationale et de la République. Leur offre fut déclinée, et ils furent reconduits à la frontière. Cette démarche pouvait à la rigueur être mise sur le compte de leur esprit chevaleresque, et le Gouvernement provisoire ne crut pas devoir user envers eux des droits que lui conférait une loi d'exil frappant tous les membres de la famille d'Orléans.

On a blâmé sévèrement le Gouvernement d'avoir témoigné à ces princes des égards que les usages monarchiques auraient sans doute réclamés, mais qui n'ont plus aucun sens sous une République, en face de prétendants. On y a vu une faiblesse, et jusqu'à une complicité de la part de certains membres du Gouvernement provisoire. Nous pensons que c'est là un reproche mal fondé, et que le Gouvernement a cédé à un sentiment de commisération et d'estime envers des princes assez audacieux ou assez confiants pour venir se livrer à leurs ennemis. L'important était que la résolution du Gouvernement fût ferme et patriotique; elle le fut, et on pouvait alors se demander si les membres de la famille d'Orléans ne comprendraient pas cette leçon de modération et de sagesse qu'ils venaient de recevoir; s'ils ne reconnaîtraient pas qu'une première tentative pour rentrer en France, même comme simples soldats, ne pouvait se concilier avec leurs assurances formelles d'abnégation et de désintéressement. Leur parole avait certainement plus de valeur que celle du héros de Strasbourg et de Boulogne; leur vie publique et privée offrait d'autres garanties que la vie publique et privée de cet aventurier cosmopolite dont tout le mérite personnel consistait à être le neveu de son oncle. Cependant, ils ne devaient pas oublier que leur position, longtemps avouée, de princes prétendants, pouvait inspirer des craintes legitimes; que la République avait le droit d'être susceptible, ombrageuse, et de tenir pour suspects tous les serments, même les plus solennels; qu'elle avait été payée pour cela. Ils devaient savoir que, malgré leurs protestations, les amis qui leur étaient restés fidèles ne dissimulaient pas leurs espérances et travaillaient très activement à leur reconquérir une popularité perdue. Ils auraient donc dû, avant de remettre le pied sur le sol français, faire une renonciation formelle à tous leurs prétendus droits à la couronne, et désavouer publiquement toutes les manœuvres de leurs partisans.

Ils ne l'ont pas fait. Ils se sont bornés à déclarer qu'ils n'avaient actuellement d'autre ambition que de contribuer à la défense de leur patrie. Ce langage peut être habile, mais il est équivoque, et l'on sait trop le prestige que peuvent donner en France des actions d'éclat, des exploits heureux, joints à une immense fortune, et à ce qu'on appelle encore un grand nom. On a donc pu croire en toute justice qu'ils voulaient préparer de loin la restauration de leur royauté constitutionnelle. La République avait donc le droit et le devoir de les écarter du territoire français.

Or, on vient d'apprendre que le prince de Joinville, au mépris de l'interdiction qui pesait sur lui, non-seulement est entré en France, mais qu'il y est resté près de deux mois. Il paraît constant que, profitant de la facilité que la multiplicité des corps francs donne pour fréquenter nos armées, sans éveiller l'attention, il se glissait avec une petite troupe d'amis jusque dans nos avant-postes pour faire le coup de feu contre nos ennemis. Il s'y comportait d'ailleurs avec un vrai courage. Le mystère dont il s'entourait ayant été dévoilé, et son identité reconnue, il a été invité à quitter le théâtre de la guerre et le sol français.

Nous ne faisons aucune difficulté de reconnaître le côté brillant de ce rôle, mais on conviendra aussi que rien ne paraît moins désintéressé que cette conduite, et que si le prince avait à redouter les balles prussiennes, comme les 600,000 Français qui sont sous les armes, il allait chercher un prestige dont il comptait profiter plus tard. On conviendra enfin que ces républicains sanguinaires traitent leurs ennemis avec une générosité dont on trouverait peu d'exemples. Nous pensons même, pour conclure, que le Gouvernement de la République a poussé jusqu'à ses dernières limites sa longanimité chevaleresque, et qu'il doit désormais interdire efficacement l'entrée du territoire français à tout prétendant avoué ou déguisé, qui viendrait exciter parmi nous l'esprit de discorde, et faire éclater la guerre civile.

Limoges, le 22 *janvier* 1871.

LES FONCTIONNAIRES PUBLICS ET LES PLÉBISCITAIRES

Nos adversaires ont une singulière manière de raisonner. A les entendre, ils sont partisans de la liberté de réunion, de la liberté d'association, de toutes les libertés ; ils sont même tout disposés à accepter la République. Ils ne mettent à leur adhésion absolue qu'une seule condition : c'est que ces réunions et ces associations ne s'occuperont absolument de rien, et que la République sera administrée par les serviteurs de l'empire.

Si le Gouvernement républicain est le seul théoriquement rationnel, comme l'avoue un journal réactionnaire, il est aussi le seul pratiquement rationnel ; car nous ne saurions comprendre que le gouvernement proclamé le meilleur par la raison humaine, soit irréalisable et impossible. Il y a là une contradiction dans les termes, et il peut être bon de montrer par où pêche ce sophisme.

Comment peut-on affirmer qu'une chose excellente en elle-même est impraticable ? Cela ne peut être que parce qu'on en a fait l'expérience, et que cette expérience n'a pas réussi. Mais alors il faut examiner toutes les causes qui ont pu nuire au succès de l'expérience.

Nous sommes un peu loin de 92. Aucun contemporain n'a vu cette époque ; très peu l'ont étudiée, et ceux qui croient avoir quelques notions de cette partie de notre histoire les ont prises dans des livres écrits par les adversaires ou les victimes de cette grande révolution.

1848 est plus près de nous ; beaucoup s'en souviennent et ne s'en souviennent que trop ; mais l'histoire de cette époque n'a pu être écrite sous l'empire, et ceux qui n'ont pas vu de près et en personne les ignominies de cette période de transition qui ne s'est terminée qu'après le 2 décembre, n'ont aucune idée de la manière dont les platoniques amants de la République entendaient la servir.

Laissons donc ces souvenirs lointains et confus, et voyons comment procèdent aujourd'hui ces théoriciens de la République. Notre passé historique s'éclairera subitement d'une vive lumière.

La France a été gouvernée pendant dix-huit ans par le pouvoir le plus absolu qu'on pût rêver ; c'était un pouvoir fort par excellence ; il pouvait à son gré légiférer, réformer, améliorer, instruire, moraliser, appliquer les vraies théories gouvernementales, placer la pyramide sur sa base, couronner l'édifice, et faire de la France la nation heureuse et glorieuse par excellence. Or, chacun sait aujourd'hui par quelles turpitudes et quelles infamies il l'a conduite matériellement et moralement aux derniers abîmes.

Ne semble-t-il pas que le premier sentiment de ses innombrables complices, devant un tel résultat, dût être celui de la honte, de la confusion et de l'humiliation? N'était-il pas tout simple et tout naturel que ceux qui avaient le plus contribué à soutenir ce régime immoral se fissent un cas de conscience de se retirer des affaires publiques qu'ils avaient si mal comprises et si mal gérées. Les fonctionnaires publics et les plébiscitaires, qui avaient apporté un zèle ardent et convaincu à la plus déplorable des politiques, étaient-ils les hommes les plus aptes à reconstruire l'édifice écroulé par leur faute? Et quand nous leur avons crié : Retirez-vous! Commettions-nous un crime contre le bon sens et contre la raison?

Au lieu de nous écouter, ils se sont cramponnés avec fureur à leurs positions conquises sous l'empire, et ceux mêmes que leur position indépendante invitait à rester dans l'ombre et à se faire oublier, ont continué de plus belle à offrir et à faire accepter leurs services dans les administrations de la République. Et vous ne voulez pas que les républicains soient inquiets? Vous ne voulez pas qu'ils fassent entendre leurs plaintes et leurs regrets?

On nous dit que nous voulons mettre au ban de l'opinion tous ceux qui ont voté le plébiscite. Qu'entend-on par mettre au ban de l'opinion? Nous désirions que ces hommes, reconnaissant leurs erreurs et leur incapacité politique, se retirassent volontairement. Ils ne l'ont fait presque nulle part. Alors, nous avons demandé et nous demandons encore qu'on ne leur laisse pas le soin de diriger la République, qu'ils ne sauront pas mieux conduire que l'empire. Sont-ce là des prétentions exorbitantes? Est-ce un système de dénonciations gratuites, de délation et de vengeance? Est-ce là de la tyrannie démagogique? Enfin, nous conseillons à tous les démocrates d'écarter des fonctions électives des hommes aussi inhabiles et aussi hostiles à nos principes. N'est-ce pas notre droit? Et les républicains n'auraient-ils pas le droit de défendre la République, et de faire le triage entre leurs amis et leurs ennemis!

Maintenant, que les partis réactionnaires qui rêvent des restaurations monarchiques nomment ces hommes, c'est leur affaire. S'ils arrivent aux fonctions publiques par le suffrage universel, nous les combattrons, mais nous respecterons leurs pouvoirs et leur mandat. Nous n'avons jamais dit autre chose.

Faut-il venir faire sonner à ce propos les grands mots de famille et de propriété? Eh! qui menace la famille? qui menace la propriété? Il serait facile de montrer au contraire que jamais la famille n'a été moins honorée, et la propriété moins respectée que par les Bonaparte, dont tous les vices étaient excusés et glorifiés.

FIN

TABLE DES MATIÈRES.

ARTICLES PUBLIÉS DANS *la Défense nationale.*

Lettres d'un Limousin :

ARTICLES PUBLIÉS DANS

la Défense Républicaine.

Limoges, imp. veuve H. DUCOURTIEUX, rue des Arènes, 9.

www.ingramcontent.com/pod-product-compliance
Ingram Content Group UK Ltd.
Pitfield, Milton Keynes, MK11 3LW, UK
UKHW020125200726
13856UKWH00002B/739